부동산 전문가가 주식혐오를 극복하고

주식쌩초보

— 엔비디아·팔란티어로 —

2,100%

수익낸 투자여정기

지은이 **김은유 변호사** (법무법인강산 대표)

심장이 멈출 것 같은 폭락장,
21배 수익의 비결은 **'무식하게 버팀'** 이었다.

추천사

'혁신의 파도'에 올라탄 원칙주의자의 생생한 투자 여정

한 분야에서 30년간 '원칙과 논리'를 다루며 명성을 쌓아온 전문가가 주식 투자라는 새로운 영역에서 2,100%가 넘는 경이로운 성과를 일궈냈다는 사실에 주목합니다. 이는 단순한 행운이 아니라, 시대의 흐름을 읽는 통찰력과 자신만의 엄격한 투자 철학이 만나 만들어낸 필연적인 결과입니다.

저자님은 이 책에서 인생의 최고 멘토로서 저를 지칭해주신 것에 대해 매우 감사한 마음을 전합니다. 저자님과 저의 인연은 2022년 12월 여의도에서 제가 인생 처음으로 개최했던 대고객 세미나를 통해서 시작되었습니다. 2021년부터 저는 삼성증권에서의 PB 생활을 뒤로 하고 여의도에서 주식매니저 생활을 시작했습니다. 2022년부터 여러 매체와 방송에 출연하며 인지도를 쌓아가던 중, 페이스북에 홍보하여 100명 가까운 인원의 대고객 세미나를 개최했는데 여기에서 저자님과 처음 만나게 되었습니다.

이후 저자님은 제 모든 강의에 참석해주면서 저의 든든한 팬이 되어 주셨고, 저 또한 저자님의 깊은 연륜과 넓은 학식에 존경심을 가졌으며, 제가 지금까지 성장하는데 많은 지원과 응원을 해주셨습니다. 저자님은 저를 인생 멘토라고 지칭해 주시지만 오히려 제가 저자님을 인생 멘토로 소개드리고 싶습니다.

현재 저자님과 저는 2024년 말 함께 테크밸리라는 우리나라 최고의 테크 주식 스터디그룹을 창립하여 최고의 현업 전문가들을 모시고 다같이 성장을 하고 있습니다. 앞으로 저자님과 테크밸리가 얼마나 더 훌륭하게 성장할지 기대가 됩니다.

저자님은 한때 주식 투자를 냉소적으로 바라보던 '주식혐오자'였습니다. 그러나 2019년 일본 수출 규제와 2020년 팬데믹이 전 세계 경제의 무게 중심을 '혁신 기술'로 완전히 옮겨 놓았음을 간파하고, 자신의 오랜 전문 분야였던 실물 자산의 한계를 뛰어넘는 새로운 여정을 결단했습니다. 이 책은 바로 그 결단의 과정을 담고 있으며, 특히 다음 세 가지 핵심 가치를 통해 독자들에게 깊은 울림을 줍니다.

첫째, 기술 혁신에 대한 깊은 '공부'의 힘입니다. 저자님은 투자를 시작하기 전, 엔비디아와 팔란티어 같은 기업이 단순히 인기 있는 주식이 아니라, 인류의 미래를 재편할 근본적인 기술(AI, 데이터 분석)을 가진 핵심 기업임을 철저히 분석하고 이해하는 데 시간을 투자했습니다. 이는 단기적인 등락에 흔들리지 않는 '확신'의 밑거름이 되었습니다.

둘째, 시련을 이겨낸 단단한 '인내'의 철학입니다. 투자기간 동안 발생했던 수많은 폭락과 조정장 속에서도 포트폴리오를 지켜낼 수 있었던 것은, 바로 그 깊은 확신과 함께 단련된 인내심 덕분이었습니다. 매일의 변동성에 일희일비하지 않고 장기적인 관점을 유지하는 것이야말로, 복리 효과를 극대화하는 투자의 핵심임을 몸소 증명해 보였습니다.

셋째, 균형 잡힌 '자산 증식 로드맵'의 제시입니다. 주식으로 시드(Seed Money)를 키우는 방법을 제시하면서도, 부록에서는 부동산 전문가로서 겪었던 아파트 마련의 실패와 성공 경험을 숨김없이 공유합니다. 이는 독자들이 금융 자산과 실물 자산의 두 축을 균형 있게 운영하며, 경제적 자유로 나아가는 과정에서 겪을 수 있는 치명적인 시행착오를 미리 방지할 수 있도록 돕고자 하는 저자님의 배려가 담겨 있습니다.

이 책은 '주식쌩초보'라는 타이틀을 달고 있지만, 그 내용은 어떤 전문가의 교본보다도 정교하고 현실적입니다.

얄팍한 단기 매매 기법이 아닌, 시대를 읽는 지혜와 원칙을 세우는 뚝심을 배우고자 하는 모든 독자에게 강력하게 추천합니다.

저자님의 투자 여정이 한국의 수많은 투자자들에게 새로운 등대가 되어 주길 응원합니다.

손정우 (삼쩜삼캠퍼스 해외 주식/테크 스페셜리스트, 테크밸리인사이트 대표)

머리글

이 책은 주식투자 쌩초보가 엔비디아(NVIDIA), 팔란티어(Palantir) 투자로 5년 만에 2종목 모두 2,100% 이상의 수익을 올린 투자 여정을 담은 기록입니다.

"주식투자를 계속하면, 우리 인연은 여기까지야."
이 말은 제가 20년 지기 친구에게 했던 냉소적인 경고였습니다. 저는 한때 주식 투자를 인생을 망치는 도박이라 믿었던 **'주식혐오자'**였습니다.

저는 30년간 부동산과 법을 다뤄온 변호사로서, '보상박사', '재개발·재건축 전문변호사'로 불리고 있습니다. 그리고 「실무토지수용보상」 등 부동산 관련 전문 서적도 15권이나 집필했습니다.

이처럼 '원칙과 논리'가 지배하는 법률 분야에 종사했기에, 예측 불가능한 주식 시장에 대해서는 더더욱 혐오감을 가졌습니다.

부동산 전문가가 주식으로 돌아선 이유. 자산의 무게
하지만 30년 동안 부동산의 가치를 증명해온 법정의 경험은,

아이러니하게도 부동산 투자가 가진 두 가지 결정적인 한계를 깨닫게 해주었습니다. 이 깨달음이 저의 53세 주식투자 인생을 연 근본적인 동기입니다.

다만, 저는 평생 법률과 부동산을 다뤄온 경험을 통해 '자산을 올바르게 취득하고 지키는 법'의 중요성을 누구보다 잘 알고 있습니다. 특히, 많은 독자께서 경제적 자유를 꿈꾸는 과정에서 '주거 안정'이라는 가장 기본적이고도 중요한 목표에 직면한다는 것을 알고 있습니다.

이에 본문에서는 혁신 기술주 투자의 여정을 집중적으로 다루지만, 가장 치명적인 자산 증식의 실패를 막고자 '부록'에 저의 쓰라린 아파트 마련 실패와 성공 경험을 담았습니다. 이는 독자들이 주식으로 시드(Seed Money)를 키우는 동시에, 부동산 투자에서만큼은 저와 같은 '시행착오'를 반복하지 않기를 바라는 간절함에서 비롯된 것입니다. 금융 자산과 실물 자산, 이 두 축을 동시에 균형 있게 이끌어갈 때 진정한 경제적 자유를 누릴 수 있기 때문입니다.

첫째, 전문가조차 피할 수 없는 실패와 자산의 '무게'였습니다.
부동산 전문변호사인 저도 투자 부적격 부동산 매수라는 뼈아픈 실수를 경험했습니다. 부록에서 투자 부적격 부동산을 피하는 냉정한 기준과 저의 실패를 솔직하게 밝힙니다.
부동산은 '똘똘한 한 채'가 주는 삶의 터전은 될 수 있어도,

부를 증식하는 과정에서 발생하는 관리의 피로와 복잡한 법적 리스크는 결코 가볍지 않았습니다.

둘째, 100억 원 자산가들의 '자유롭지 못한 삶'을 목격했습니다.
제 고객 중에는 100억 원 상당의 꼬마빌딩을 소유한 분이 있습니다. 그는 끊임없이 치솟는 세금, 건강보험료 폭탄, 임대차 분쟁, 그리고 팔리지 않는 건물이 주는 유동성 족쇄에 시달렸습니다. 수익률은 고작 연 3% 남짓.

반면, S&P 500 ETF(SPY)를 100억 원어치 보유한 고객은 보유세나 관리 스트레스 없이 연 10% 내외의 수익을 향유하며 완벽한 자유를 누렸습니다.

저는 부동산이 더 이상 진정한 '자유'를 보장해 주지 않는다는 냉엄한 현실을 목격했고, '나를 위해 관리 비용 없이 일하는 가벼운 자산'만이 정답임을 깨달았습니다.

시대의 부름, 원칙의 탄생
이러한 내적 확신을 품고 있을 때, 2019년 일본 수출 규제와 2020년 팬데믹이 터졌습니다. 이는 세상의 중심이 '실물 자산'에서 '혁신 기술'로 완전히 재편되고 있음을 알리는 신호였습니다.

인플레이션 시대, **힘겹게 번 돈이 투자를 외면하는 순간 조용히 녹아내리는 것을 막기 위해** 저는 결단했습니다.

"세상의 중심인 미국, 그리고 인간의 삶을 바꾸는 세계 1등 혁신 기업에 투자하자."

저는 인생의 절반을 넘어선 53세에 생애 첫 주식투자를 시작했습니다.
법률 전문가로서 체득했던 '사실관계에 대한 냉철한 분석'과 '원칙 준수'를 투자에 그대로 적용했습니다. 워런 버핏과 같은 거인들의 철학을 밤새 독파하며, 흔들리지 않는 '만만디(慢慢地)' 투자 철학이라는 나만의 심리 방화벽을 먼저 구축했습니다.

이 원칙을 바탕으로 엔비디아(NVIDIA), 팔란티어(Palantir)와 같은 혁신 성장주에 집중투자했고, 그 결과 5년 만에 2,100%가 넘는 놀라운 수익률을 기록했습니다.

이 책은 운이 아닌, 원칙을 말한다
이 책은 단순한 '운 좋은 성공기'가 아닙니다.
주식혐오자였던 한 개인이 부동산 전문가로서의 경험과 반성을 바탕으로, 두려움에서 확신으로, 확신에서 깨달음으로 나아간 솔직한 변화 과정을 담고 있습니다.

이 책은 당신의 직업이나 자산의 크기와 무관하게, 누구나 이룰 수 있는 '투자 심리 방화벽' 구축에 초점을 맞춥니다.

- **원칙 확립** : 저는 어떻게 부동산의 한계를 극복하고 '나만의 만만디 투자 철학'을 세웠는지,
- **흔들림과 극복** : 수많은 폭락장 속에서 '무식하게 버티는 힘'을 가질 수 있었던 유일한 원칙은 무엇이었는지,
- **실전 지식** : 엔비디아와 같은 혁신 종목을 어떤 기준으로 분석했는지 (밸류체인 및 탑다운 분석)를 담았습니다.

이 책이 주식 투자를 시작하려는 모든 분들의 여정에 영감을 불어넣고, 부자로 만드는 강력한 촉매제가 되기를 진심으로 기원합니다.

2025. 11. 15.
버핏우드, 김은유 변호사 드림

목차

제1부 주식혐오자. 미국 혁신 투자에 눈뜨다 (5년 투자 여정 및 동기) ······ 2
   1. "주식은 망하는 길"이라 믿던 사람 ·· 2
   2. 간접경험이 준 깨달음. 100억 부동산의 무게 ······························· 3
   3. 미국 혁신주 투자의 시작. 달러, 팬데믹, 그리고 운명의 원칙 ······· 5
   4. 엔비디아. 5년만에 2,100% 수익을 내다. ······································ 8
   5. 팔란티어. 2년 5개월 만에 2,500% 수익을 내다. ························ 16
   6. 인플레이션 시대, 투자는 선택이 아닌 필수 ································· 19

제2부 흔들리지 않는 투자 철학과 원칙 (마인드셋 & 전략) ·············· 22
   1. "나는 반드시 부자가 된다"는 확고한 신념과 태도 ······················· 22
   2. 투자 철학. 장기투자의 핵심은 '만만디'와 '복리의 마법' ············· 24
   3. 단타인가? 장투인가? 자신의 투자성향 파악 ································ 27
   4. 어디에 투자하여야 하나? 미국시장 ·· 29
   5. 나의 투자 공부법. 거인의 어깨 위에서 통찰을 얻다 ··················· 33
   6. 멘토의 중요성. 좋은 사람을 만나는 것이 최고의 공부 ··············· 38
   7. 독립적 사고를 훈련하라. 통찰력만이 기회를 잡는다 ···················41

제3부 종목 선정과 매수·보유·매도 원칙 ·· 44
   1. 종목 선정의 8가지 절대 원칙. 인간의 삶을 바꾸는 세계 1등 기업 찾기 44
      가. 성장성과 방향성에 관한 원칙 (무엇을 살 것인가) ················· 44
      나. 지속 가능성 및 해자에 관한 원칙 (어떻게 오래 보유할 것인가) 45
      다. 리스크 통제에 관한 원칙 (무엇을 피할 것인가) ······················ 46
   2. 종목 발굴 방법. 탑다운과 바텀업의 활용 ···································· 47
   3. 핵심을 꿰뚫는 통찰. 밸류체인 공부와 신뢰의 잣대 ···················· 50

> 부동산 전문가가 주식혐오를 극복하고
> **주식쌩초보 엔비디아·팔란티어로 2,100%**
> **수익낸 투자여정기**

    4. 매수 원칙. 웅덩이(가치) 매수와 추세 추종의 결합················ 53
        가. 가치투자 매수 원칙. '웅덩이 매수'·························· 53
        나. 추세추종 매수 원칙. '흐름에 올라타라'······················ 56
        다. 위기 매수 원칙. 공포를 이겨내는 법 ························ 58
        라. 반반 전법 (4분할 매수전법) ·································· 58
    5. 비중 원칙. 확신에 크게 베팅하고 계좌를 분리하라 ·············· 59
    6. 보유 원칙. 매도 이유가 없다면 최소 10년 보유하라············· 62
    7. 매도 원칙. 언제, 어떻게 팔아야 하는가? ·························· 66

제4부 심장이 멈출 것 같은 폭락장, 21배 수익의 비결은 '무식하게 버팀'이었다. 나의 실전 투자 이야기 ································ 72

    1. 첫 매수 종목들. 경험 부족을 공부로 모두 메꾸기에는 한계가 있었다 72
    2. 나의 첫 텐베거(Tenbagger) 이야기. 비중의 중요성 ·············· 75
    3. 엔비디아. 240% 수익 날리고 2,100%까지 버틴 이유 ············ 77
    4. 아파트를 팔고 주식시장에 들어가다. S&P500의 진짜 힘 ········· 79
    5. 공포에 매수하라. 믿는 기업이라면. 크라우드스트라이크 매수 실패 사례 83
    6. 모더나(소형주) vs 아스트라제네카(대형주) ······················ 86
    7. 미국 금리인상기. 적자기업에 대한 나의 대응법················ 89
    8. 추종 매수의 시작. 데이터센타, 전력주에 올라탄 날 ············ 92
    9. 돈은 누구를 만나느냐에 따라 벌기도 하고 잃기도 한다.
       'GE버노바' 매수 이야기 ··· 96
    10. 마이너스 90%에 손절한 이야기. 믿음이 부족했던 2차전지 투자··· 99
    11. 확증편향이 낳은 참사. 프로테라 상장폐지와 지인을 잃은 경험···· 103
    12. 본전 심리. 반도체 제왕(TSMC)을 팔게 하다ㆍ··················· 107

목차

13. 경험 부족의 대가. 이항 500% 수익을 250%에 판 실수 ······ 110
14. 테슬라 3배 레버리지 장기투자로 망한 이야기 (레버리지 금지 원칙 강조) 113
15. 테슬라 멘탈이 나가 일부 매도한 이야기. 비중의 양면성 ······ 116
16. 너무 빠른 선택. 상장폐지 두번째. 리사이클홀딩스 ······ 118
17. 오픈도어 매도로 느낀 내가 판 주식이 폭등할 때 기분. 매도 원칙··· 120
18. 팔 때는 반드시 시장가로 팔아라. 지정가 매매로 못 팔아 −90% 된 이야기 ······ 125
19. 음주매매로 망한 이야기 ······ 127
20. 하락장 멘탈 관리법. 마음이 흔들릴 때의 나만의 처방전 ······ 129
21. 자녀에게 상속할 주식. ASML ······ 132
22. 조비에비에이션 비중을 높이는 이유. 나의 2번째 엔비디아 ······ 134
23. 은행이 위험하다. 스테이블 코인과 코인베이스 매수 ······ 137
24. 망설임이 날려버린 주식. 레이벤 스마트 안경 ······ 142
25. 양자컴퓨터, 소형원자로(SMR)를 놓친 바보 같은 이유 ······ 144
26. 비트코인에 대한 생각의 전환 ······ 146
27. 버블 논란에 대한 나의 대응방법 ······ 149
28. 보유 종목 공개 ······ 152

제5부 투자의 완성. 거시경제 이해와 실용 지식 ······ 156

1. 해외주식 양도소득세 정리 ······ 156
   - 가. 해외주식 양도소득세 기본 개념 ······ 156
   - 나. 양도세 계산방식. 선입선출법 vs 이동평균법 ······ 157
   - 다. 증권사 이전 방법 ······ 158
   - 라. 삼성증권으로 이전 시 삼성증권에서 받은 답변 ······ 159
   - 마. 하나의 증권사에서 해외주식 투자 권고 ······ 160
   - 바. 환차익 과세. 한국 투자자를 짓누르는 이중과세의 짐 ······ 160
2. 해외 주식 양도세 절감법 ······ 163

가. 연말에 손해 본 종목 일부 매도해 이익과 상계 ················ 163
　　　나. 배우자 증여 전략 ·· 163
　3. 미국 주식 배당세. 배당소득세 15% 원천징수 ···················· 165
　4. 배당투자의 함정. 세금과 건보료의 역습 및 해결책 ············ 167
　5. 은퇴계좌(유배계좌)의 필요성 ·· 170
　6. 금리의 중요성 ··· 174
　7. 핵심 투자 지표 및 금융 용어 해설 ··································· 176
　8. 최소한 현금흐름표는 보고 투자하라 ································· 178
　9. 내가 생각하는 주식시장에서 '대바닥'을 잡는 6가지 신호 ···· 181
　10. 계절적 약세인 8월, 9월과 그리고 산타랠리 ····················· 184
　11. 유상증자 대응방법 ··· 187
　12. 인수합병 예상시 투자방법 ·· 190
　13. 환전 타이밍 잡기. 수수료와 시장을 이해하라 ·················· 193
　14. 상장 초기 기업 매수 원칙. 위험을 피하고 타이밍을 잡아라 ···· 195
　15. 회사 탐방 방법. 발품과 정보의 교차 분석 ······················· 198
　16. 사건과 투자 연결 훈련. 비합리성을 읽는 통찰력 ············· 201
　17. 부자가 되는 방법론. 사람, 통찰, 그리고 운 ···················· 202

부록 : 변호사의 부동산 투자, 실패에서 배운 진짜 교훈 ············ **206**

　1. 첫 번째 실패 이야기 ··· 206
　2. 두번째 실패(?) 이야기 ·· 209
　3. 성공 이야기 ·· 211
　4. 세 번째 실패 이야기 ··· 212
　5. 한국 부동산에 대한 사건 ·· 213
　6. 아파트 구입시 고려 요소 ·· 214
　7. 투자 부적격 부동산 ·· 215
　8. 부동산 유망 재테크 ·· 216
　9. 사소한 습관이 인생을 바꾼다. ··· 217

부동산 전문가가 주식혐오를 극복하고

주식쌩초보
엔비디아·팔란티어로
2,100%
수익낸 투자여정기

제1부

주식혐오자, 미국 혁신 투자에 눈뜨다
(5년 투자 여정 및 동기)

주식혐오자,
미국 혁신 투자에 눈뜨다
(5년 투자 여정 및 동기)

1. "주식은 망하는 길"이라 믿던 사람

나는 30년 넘게 부동산 현장을 지켜온 변호사였다. 「실무토지수용보상」 등 부동산 관련 전문 서적도 15권이나 집필했을 정도로 실물 자산의 법리와 가치에 천착했다.

토지수용, 재개발·재건축, 도시개발 등 실물자산의 법률 이슈를 다루며 "부동산이야말로 가장 안전한 투자다"라는 믿음을 몸으로 익혔다. 자연스럽게, 내 머릿속에는 '주식은 망하는 길'이라는 확신이 자리 잡았다.

20년 지기 친구가 어느 날 '여의도 주식 연구 모임'에 나간다고 했을 때, 나는 단호히 말했다. "그 모임 계속 나가면 우리 인연은 여기서 끝이다."

그만큼 나는 주식을 투기나 도박으로만 여겼다. 그렇게 나는 2019년 말까지, 부동산만이 진짜 자산이라고 믿으며 주식을 철저히 외면했다.

2. 간접경험이 준 깨달음. 100억 부동산의 무게

하지만 30년간 수많은 자산가들의 명암을 가까이서 지켜보며, 나는 부동산의 본질적인 한계를 깨닫기 시작했다. 주식을 혐오했지만, 정작 내가 혐오하게 된 것은 부동산이 선사하는 피할 수 없는 '무거운 짐'이었다.

내 고객 중에는 100억 원 상당의 꼬마빌딩을 소유한 분이 있다. 그는 늘 건물주라는 타이틀 뒤에 숨겨진 고충을 토로했다.

매년 가파르게 오르는 재산세와 종합부동산세, 지역 가입자로서 폭등한 건강보험료는 기본이었다. 끝없는 하자 보수 요청과 임차인 관리 스트레스, 팔려 해도 쉽게 팔리지 않는 낮은 환금성, 그리고 엄청난 양도세의 족쇄까지. 투자 수익률은 고작 연 3% 남짓. 부동산이 주는 심리적, 법률적 족쇄가 너무나 무거운 것이다.

반면, 나는 S&P500 지수 추종 ETF인 SPY를 100억 원어치 보유한 다른 고객으로부터 완전히 다른 유형의 '자유로운 부자'를 보았다.

SPY는 보유세나 하자 보수 부담이 없고, 심지어 건물 보유에 따른 건강보험료 폭탄에서도 자유롭다. 수익률은 연 10% 내외로 압도적이며, 팔려고 마음먹으면 즉시 현금화된다. 양도소득세 22%를 감당하더라도, 유동성과 시간의 기회비용 면에서 비교 불가능한 우위에 있었다.

누가 진정한 의미에서 '자유로운 부자'일까?

나는 부동산의 한계를 누구보다 가까이에서 보았고, '나를 위해 평생 관리 비용 없이 일하는 가벼운 자산'을 원한다면 답은 미국 주식 시장뿐임을 깨달았다.

이 간접경험이 바로 내가 주식 투자로 눈을 돌린 근본적인 확신이었다.

3. 미국 혁신주 투자의 시작. 달러, 팬데믹, 그리고 운명의 원칙

법정의 논리가 시장의 독이 될 때
30년 가까이 법률가이자 부동산 전문가로서 '원칙과 논리'만이 세상을 지배한다고 믿어왔다. 이 엄격한 확신은 분명 나를 최고의 전문가로 만들었지만, 예측 불가능한 주식 시장 앞에서는 오히려 양날의 검이 되었다.

주식 공부는 철저히 했으나, 변호사라는 자만심이 초기 투자의 치명적인 약점으로 작용할 줄은 그때 알지 못했다.

운명적 전환점. 2019년과 2020년의 경고
이러한 확신(혹은 오만)을 품고 있던 와중, 세상은 나에게 행동을 명령했다.

2019년 7월 2일, 일본 아베 총리는 한국의 반도체 핵심 소재에 대한 수출 규제를 발표했다. 30년간 법정에서 단련된 나의 분석력은, 이 사태를 단순한 경제 문제를 넘어 '한국 경제가 흔들릴 수 있는 위험 신호'로 읽었다.

나는 즉각 대응했다. 환율 방어를 위해 가지고 있던 거의 모든 원화를 달러로 환전하여 1년짜리 달러 정기예금에 묶어 두었다.

그리고 2020년, 전 세계를 멈춰 세운 코로나19 팬데믹이 터졌다.

세상이 고요해진 그 순간, 나는 미래를 깊이 고민했다. 과거 한국의 외환 위기(IMF)와 그 이후 주식시장의 V자 반등이 떠올랐다. 결정적인 전환점은 곧 만기가 도래하는 달러 예금이었다. 달러를 원화로 다시 환전할 것이 아니라, "이 돈을 미국 혁신 기업에 투자하자!"는 확신이 운명처럼 가슴에 새겨졌다.

53세, 거인들의 지혜를 탐독하다

나에게 주어진 시간은 3개월. 53세에 새로운 분야를 공부하는 것은 쉬운 일이 아니었다. 기억력이 현저하게 떨어진다. 그러나 "할 수 있다"를 수십 번 외치며 워렌 버핏, 레이 달리오, 존 보글 등 '거인들의 지혜'를 탐독했다.

그 과정에서 뱅가드 그룹 설립자인 존 보글(John Bogle)의 경고가 뼛속 깊이 각인되었다.

"주식투자로 살아남고 돈을 벌려면 자기만의 투자 원칙을 세워야 한다. 원칙 없는 망망대해에서 나침반 없이 노를 젓는 것과 같다. 당신에게 원칙이 없다면, 당장 주식투자를 중단하라."

이 문장을 신조로 삼아, 나는 무작정 종목을 고르는 대신 '나의 주식투자 선언문'을 가장 먼저 완성했다. 급한 성격의 나를 통제하고, 시장의 감정을 이겨낼 나만의 투자 방화벽을 구축한 것이다.

나의 주식 투자 선언문 (만만디 철학)
- 목표 : 투자는 **'행복'**을 위한 것이며, 매 순간의 긴장과 일희일

비는 불행을 초래한다.
- 전략 : 인간의 삶을 바꾸는 세계 1등 혁신 기업(4차 산업혁명 기업)만을 고른다.
- 시간 : 한번 매수하면 최소 10년 이상 보유할 주식만을 선택한다.
- 매수 원칙 : 차트상 5일 선이 60일 선, 120일 선을 터치할 경우 또는 RSI 30 이하에서만 매수한다.
- 자세 : 계좌를 자주 보지 않는다. 인내심을 가지고 버티며, 내가 매수한 기업에 이상이 없는지, 또는 추가 매수할 종목이 생기는지 '즐기면서' 관찰한다.

이 확고한 원칙을 세운 후에야, 나는 53세라는 나이에 비로소 첫 투자를 감행할 수 있었다.

변호사라는 직업이 독이 될 때

그러나 강조하고 싶은 사실이 있다. 주식 투자는 직업이 중요한 것이 아니다. 그래서 주식 투자가 매력이 있는 것이다.

나중에 자세히 밝히겠지만, 30년간 논리와 원칙으로 승리했던 변호사라는 직업적 배경은 주식 투자 초기에는 오히려 악재로 작용했다. 주식 공부를 열심히 했지만, '나는 분석에 능하다'는 자만심에 빠져 겸손을 잃었고, 중요한 '멘토 만들기'를 소홀히 했다. 그 결과, 상장 폐지를 당하는 등 큰 어려움을 겪게 된다.

투자는 직업적 배경이 아닌, 오직 원칙과 겸손함만이 성공을 보장한다는 것을 뼈저리게 깨달은 경험이었다.

4. 엔비디아. 5년만에 2,100% 수익을 내다.

주력 종목 선정
주식투자 성공 여부는 종목선정이 90%다. 나는 수많은 고민 끝에 3종목을 선택했다. 그게 테슬라, 비야디, 엔비디아였다. 물론 투자 종목은 여러 개 더 있었다. 하지만 비중을 실은 것은 위 3종목이었다.

첫 매수와 '횡보디아', '암비디아'의 시간
2020년 9월, 생애 첫 주식 매수를 시작했다. 처음에는 분할매수의 개념조차 없었지만, 주가가 길게 횡보하면서 자연스럽게 분할매수가 되었다.

매수 후 처음 1년간 엔비디아는 움직이지 않았다. 사람들은 이때 '횡보디아'라 불렀다. 그러다 6개월간은 30% 이상 하락하였다. 이때는 '암비디아'가 되었다.

하지만 나는 버텼다.
게임, 데이터센터, 자율주행. 이 모든 미래가 엔비디아의 손끝에서 만들어진다고 믿었다. 그 믿음은 240%의 수익으로 돌아왔다.

240% 수익이 사라졌다. 그러나 진짜 투자는 그때부터 시작이었다.
이익 실현의 유혹은 컸다. 주변에서도 "이제 팔아라"는 조언이 쏟아졌다. 게다가 연준의 금리인상 예고까지 있었다.

그러나 나는 초심을 지켰다. "10년은 버틴다." 그 결심의 대가는 혹독했다. 불과 10개월 만에 240%의 수익이 모두 사라졌다.

매일 떨어지는 주가를 보며 견디는 것은 고통이었다. 결국 나는 시장으로부터의 단절을 선택했다. 계좌도, 뉴스도 보지 않았다. 설마 하는데, 진짜다.

"좋은 기업이라면 반드시 회복한다." 그 믿음 하나로 10개월을 시장을 떠나 있었다. 그리고 정말로 엔비디아는 다시 올랐다. AI 혁명이 막 시작되던 시기였다.

수익률 200%를 회복했을 때조차, 나는 팔지 않았다. 이번엔 확신이 있었다. "이 회사는 텐배거가 된다."

단톡방의 젊은 투자자

그 무렵, 내가 참여한 투자 단톡방의 한 젊은 투자자가 평단가 15달러로 3억 원어치의 엔비디아를 보유하고 있었다. 주가가 30달러를 넘자 그는 실적 발표를 앞두고 절반을 매도했다. "익절은 언제나 옳다." 단톡방은 찬사로 가득했다.

그러나 실적 발표 후 엔비디아는 단 하루 만에 25% 급등했다. 그 젊은 투자자는 7,500만 원의 추가 수익을 놓쳤다. 일주일 후 그는 나머지 물량도 38달러에 전량 매도했다.

지금 주가는 203달러. 그의 심정이 어떨지 짐작이 간다.

공부가 만든 확신. 투자에서 가장 강한 무기는 정보가 아니라 인내다.
엔비디아는 수차례 급등과 급락을 반복했다. 50달러에서 37달러로, 70달러에서 다시 50달러로. 2025년에만도 -40%를 2차례나 찍었다. 그러나 결국은 상승이었다.

그 과정을 통해 나는 배웠다. 주식은 가격 조정과 시간 조정을 거치며 자란다. 나는 엔비디아를 사기 전, 반도체 8대 공정과 밸류체인을 80페이지로 정리했다. 그 공부가 나의 확신이 되었고, 확신이 나의 인내가 되었다. 그 결과가 바로 2,100% 수익이다.

공부는 단순한 지식이 아니라 '버틸 수 있는 힘'이다. 김승호의 『돈의 속성』에서 배운 대로 "돈의 그릇"을 키운 덕분이다. 그릇이 작으면 100%만 올라도 판다. 그릇이 커야 2,100%를 버틴다.

지금은 해당산업에 대한 공부도 하기 쉬워졌다. T.W.I.G 출판사에서 "진짜 하루만에 이해하는 OO산업"이라는 책을, 메리츠증권리서치센타에서 "글로벌주식투자 빅시프트"라는 책을, 에프엔미디어는 매년 "2025 상장기업 업종지도"라는 책을 출간하여, 직접 공부하는 수고로움을 덜어주고 있다. 해당산업과 밸류체인을 이해하면 종목선택도 쉽고, 버티는 힘도 강해진다.

단순한 투자. 방향. 공부. 그리고 사람
'모건하우절'은 "돈의 심리학"에서 말한다. 행복을 위한 제1원칙은 기대치를 낮추는 것이다. 나도 이제는 기대치를 낮추고 살아간다. 이제는 더하기 인생보다는 빼기 인생을 살고자 노력한다.

주식투자도 마찬가지이다. 단순하게 투자를 하여야 한다. 내가 제일 좋아하는 섹타를 결정한 후에, 해당산업과 밸류체인을 공부하고, 인류의 삶을 바꾸는 4차산업혁명 대열에 있는 세계 1등 기업을, 조금이라도 싸게 매수한 후에, 복리의 마법을 믿으면서, 그냥 보유하는 것이다.

그런데도 나는 공부를 계속하여 현재 주식 관련 책만 80권을 읽었다. 오늘은 나의 영원한 책 속의 스승인 시골의사 박경철님의 "주식투자란 무엇인가"라는 책을 읽고 있다. 그리고 나는 하루 만보를 걷는 것이 가장 중요한 일상이다. 만보를 걸으면서 나는 유트브로 주식공부를 한다. 만보를 걷자면 약 2시간정도 걸린다. 그 시간을 매일 매일 공부하는 것이다. 이렇게 공부를 하는 이유는 그 자체로 행복하기 때문이다.

정말 운이 좋게, 인맥의 달인인 홍석구 변호사님 소개로 주식으로 수천억원을 번 '주식농부' 박영옥님을 만나 식사를 할 기회가 있었다. 박영옥님이 쓰신 "주식투자 절대원칙"은 내가 가장 좋아하는 책중 하나다. 난 가장 궁금한 질문을 했다. 수천억원을 번 지금 어떤 일을 하실 때가 제일 행복한지였다. 박영옥님은 바로 수천억원을 번 지금도 주식투자가 가장 행복하다고 하셨다. 역시 자기가 좋아하는 일을 하는 것이 진짜 행복인 것 같다.

지금 내가 주목하는 산업은 하늘을 나는 모빌리티(UAM)에서부터 에너지 전환, 인공지능까지 다양하다. 공부를 해 보면 사고 싶은 종목이 너무 많다. 하지만 처음 정한 매수원칙을 철저히 지키고 있다.

투자 원칙

그리고 나는 매수·매도시 외에는 계좌를 보지 않는다. 1년에 약 20번 정도만 매수·매도를 하니 그 정도만 계좌를 연다. 어차피 매도하지 않을 것인데 굳이 계좌를 볼 이유도 없다. 워런버핏은 말한다. 10년을 보유하지 않을 주식은 10분도 보유하지 말라고. 그래서 나는 그 원칙에 따라 매수를 하고, 보유를 한다.

결국 재테크 실력은 공부를 하는데서 나온다. 내가 한참 일반인을 상대로 부동산 재테크 강의를 할 때 아침 6시에 강의장에 가보면 20대도 종종 있었다. 나는 그 20대는 나중에 부자가 될 것을 확신한다. 그런데 공부도 안하는 분들이 유독 "부동산 투기꾼", "주식 투기꾼"이라는 말을 많이 한다. 그 결과는 "가난"이라는 선물뿐이라는 것을 알면서도 말이다.

미국 주식 투자 권유

꼭 **미국주식 장기투자**를 권한다. 직업이 있는 분들은 단타보다는 장기투자가 좋다고 본다. 그래서 나는 주식투자 초보자들이 조언을 구해오면 시간이 나는 대로 응하고 있다.

궁극의 화폐는 비트코인, 금이 아니라 자신이 가지고 있는 "시간"이다. 시장 타이밍보다 시간을 신뢰한다. 시간을 달리 본다. 5년 10년 20년 후를 보아야 한다. 그래야 복리의 마법을 누린다. 주식투자는 마라톤이다.

성공적인 투자방법

주식투자에서 가장 중요한 것은 속도보다 방향이다. 방향이 잘못되면 다 소용없다.

투자의 지혜란 무엇을 살 것인지 보다, 무엇을 피해야 하는지 아는 것이다. 저물어가는 산업 속의 기업은 아무리 싸 보여도 결국 침몰한다. 반면, 현재 뜨는 산업을 등에 업은 기업은 보이지 않는 거인의 손길을 받는다.

뜨는 산업이란 단순한 유행이 아니라, 세상의 방향과 기업의 성장궤적이 일치하는 상태를 말한다. 기술혁명, 인구변화, 정책전환, 소비패턴의 이동, 이 거대한 흐름들이 한 방향으로 수렴할 때, 특정 산업이 자연스럽게 부상하고. 다른 특정 산업은 후퇴한다.

패배가 예정된 바다에서는 최고의 무기와 전략도 소용없다. 반대로, 승리가 예정된 바다에서는 평범한 배도 목적지에 도착한다. 진정한 항해술이란 파도를 이기는 법이 아니라, 바람을 읽는 법이다.

시장이라는 거대한 바다에서 살아남는 유일한 길은 단 하나, 이길 수밖에 없는 방향 위에 올라타는 것이다.

그리고 가격이 싸다는 이유만으로 매수하는 장부 중심 투자는 가치투자가 아니다. 바람이 멈춘 산업에서는 아무리 낮은 PBR, PER도, 아무리 높은 배당수익률도 투자 근거가 되지 않는다. 흐름이 꺼진 산업의 밸류에이션은 숫자상의 밸류 트랩일 뿐이다. 즉, 역풍이 아닌 순풍을 타고 있는 기업에 투자해야 한다.

직관, 안목, 영감에 투자하라.

그래야 기회가 왔을 때 잡을 수 있다. 주식투자는 예술이다. 주식, 채권, 부동산이라는 수단에 몰입되지 말고, 돈이 흐르는 방향을 관찰하여 그것이 내 달리는 물길을 알고 투자하는 사람이 최고이다. 모두가 동의하는 확실한 길에는 기회도 없다.

불확실성에 몸을 내 던지고 대응을 하라. 변동성은 곧 기회이다. 타이밍의 유혹, 단타의 유혹, 신상품의 유혹, 레버리지 유혹, 소비의 유혹을 버려야 된다.

빨리 가려고 하면 오히려 늦는다. 주식투자도 마찬가지이다. 인내심을 가지고, 원칙을 지키는 것이 중요하다. 잃지 않고 기회를 보는 것이 중요하다. '벤저민 그레이엄'이 버핏에게 물려준 영원한 유산은 "투자자의 적절한 기질적 성향"이다. 가치투자 원칙, 안전마진 이론에 입각한 보수성, 시시각각 달라지는 시장의 변동성에 초연할 수 있는 마음가짐이다.

그리고 주식을 투자하는 이유는 자산증식도 목표지만 투자과정 그 자체를 즐기는 것도 매우 중요하다. 버핏은 지금도 공부하고 투자를 즐긴다. 그래서 건강하다.

주식을 공부하는 이유는 원칙을 점검하고, 종목을 발굴하며, 기존 종목을 점검하는 것이고, 적절한 때 이익실현을 하기 위해서이다.

앞으로의 계획

나는 아직 이제 막 경력 6년차 주린이다. 하지만 공부를 통해, 사람과의 교류를 통해 조금씩 전진하고 있다. 2025. 5. 1.에는 **투자자산운용사** 자격도 취득했다. 대신 목디스크를 얻었다. 무리해서 목을 숙이고 시험공부를 한 탓이다.

조만간 자산운용사를 설립하기 위해 준비를 하고 있다. 물론 남의 돈은 운용하지 않을 생각이다. 공동창업자들의 돈만 운용할 예정이다.

나는 매일 조금씩 현명해지기 위해 노력한다. 이 글을 읽는 모든 분들은 공부를 통해, 좋은 인맥을 통해 부자되기를 기도한다.

부자가 되려는 길에, 가장 중요한 것은 좋은 사람을 만나는 것이다.

아래는 2025년 10월 28일 엔비디아 수익률이다.

5. 팔란티어. 2년 5개월 만에 2,500% 수익을 내다.

2001년 9월 11일, 인류는 믿기 어려운 비극을 마주했다. 이슬람 극단주의 조직 알카에다가 뉴욕 세계무역센터와 워싱턴 D.C. 펜타곤을 공격한 9·11 테러.

그날 이후 세계는 완전히 달라졌다. 그리고 10년 뒤, 2011년 5월 3일. 미국은 오사마 빈 라덴을 사살하며 복수를 완성했다.

그 작전의 배후에는, 놀랍게도 하나의 소프트웨어 회사가 있었다. 그 이름이 바로 팔란티어(Palantir)이다. 팔란티어는 2003년 피터 틸(Peter Thiel)과 알렉스 카프(Alex Karp)가 설립했다. 미국 정부의 데이터를 분석해 테러를 예방하기 위한 목적이었다. CIA, FBI, 국방부가 초기 고객이었고, 이 회사의 기술력은 이후 민간으로 확산되었다. 데이터를 단순히 저장하는 것이 아니라, 데이터로 '결정'을 내리게 하는 회사. 그것이 팔란티어의 본질이다.

팔란티어는 2020년 9월 30일 뉴욕증권거래소에 상장했다. 그때 서학개미들 사이에서는 "이 회사는 반드시 사야 한다"는 열풍이 불었다. 나 역시 팔란티어를 눈여겨보았다.

하지만 늘 그렇듯, 타이밍이 문제였다. 계좌를 자주 열지 않던 나는 상장 첫날을 놓쳤고, 조금 더 지나자 이미 주가는 10달러에서 17달러까지 올라 있었다. 조금 더 기다리면 조정이 오리라 생각하며 관망했다. 그러나 결국 그 주식은 2021년 1월 29일, 45달러까지 폭등했다.

그리고 나는 또다시 그 흔한 '놓친 기회의 후회'를 맛보았다. 하지만 주식시장은 언제나 두 번째 기회를 준다. 2022년 금리 인상과 함께, 팔란티어도 적자기업이라는 이유로 무섭게 추락했다. 2023년 2월 27일, 5.84달러까지 떨어졌을 때 나는 다시 그 회사를 떠올렸다. "지금이 기회다."

그리고 2023년 5월, 드디어 나는 7.8달러에 매수 버튼을 눌렀다. 그날 이후 나는 팔란티어 주가를 단 한 번도 보지 않았다. 좋은 회사를 믿고 버티는 것이 나의 원칙이었기 때문이다.

시간은 흘러 2025년 10월 28일, 팔란티어의 주가는 무려 200달러이다. 2년 5개월 만에 수익률은 2,500%의 수익을 기록했다.

나는 지금도 그 주식을 팔지 않았다. 단 한 번도 수익을 실현하지 않았다.
하지만 나는 안다. 좋은 주식을 싸게 사고 그냥 버티는 것이 최고의 주식투자라는 사실을.

시장은 늘 등락을 거듭하지만, 진짜 부는 시간과 믿음의 복리에서 태어난다.
팔란티어는 그 사실을 내게 증명해준 회사다.

아래는 2025년 10월 28일 팔란티어 수익률이다.

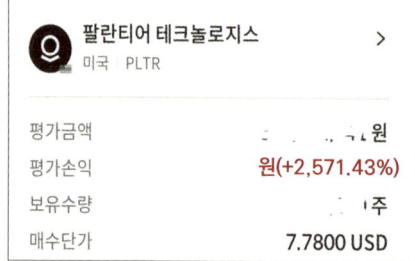
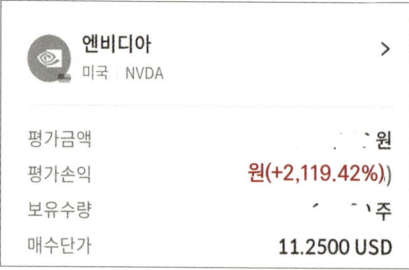

6. 인플레이션 시대, 투자는 선택이 아닌 필수

나는 주식투자를 하면 인생을 망친다고 굳게 믿었던, 소위 '주식혐오자'였다. 오직 성실한 노동과 저축만이 부(富)로 가는 정직한 길이라고 생각했다.

하지만 2020년, 전 세계를 덮친 코로나 팬데믹은 내가 가진 오래된 경제관념을 송두리째 흔들어 놓았다. 세상은 내가 가진 신념과는 완전히 다르게 돌아가고 있었다.

수십 년간 굳건했던 '열심히 일해서 저축하면 된다'는 공식은 더 이상 통하지 않는다. 국가들이 경쟁적으로 돈을 풀고 물가가 천정부지로 치솟는 '인플레이션 시대'가 도래했기 때문이다.

당신이 땀 흘려 번 돈을 은행 예금 계좌에 넣어두는 것은 더 이상 안전하지 않다. 매년, 어쩌면 매달 눈에 보이지 않는 도둑이 찾아와 그 돈의 구매력을 갉아먹고 있다.

10년 전 1만 원으로 살 수 있었던 물건을 지금은 2만 원으로도 살 수 없다. 현금을 가만히 쥐고 있는 것은 투자가 아니라, 자산의 '손해'를 방치하는 행위와 같다.

투자는 이제 부자가 되기 위한 선택이 아니다. 인플레이션이라는 거대한 파도 앞에서 우리의 소중한 자산을 지키기 위한 필수적인 방어 수단이 되었다.

물가 상승률을 뛰어넘어 내 자본을 성장시킬 수 있는 유일한 길. 그것이 바로 혁신기업에 장기 투자하는 이유이자, 주식 쌩초보였던 내가 2,100%라는 놀라운 수익을 경험한 출발점이었다.

이 책은 주식을 증오했던 한 사람이 어떻게 두려움을 극복하고, 현명한 투자 시스템을 익혀 인플레이션의 공격으로부터 자산을 지켜냈는지에 대한 솔직한 기록이다. **이제 당신 차례이다.**

제2부

흔들리지 않는 투자 철학과 원칙

(마인드셋 & 전략)

제2부 흔들리지 않는 투자 철학과 원칙
(마인드셋 & 전략)

1. "나는 반드시 부자가 된다"는 확고한 신념과 태도

"나는 반드시 주식투자로 부자가 될 것이다."
이 확신이 모든 출발점이다. 매일 아침 거울 앞에서 10번씩 외쳐라.
"나는 할 수 있다. 나는 반드시 부자가 된다."

"평범한 월급쟁이와 다를 바 없던 대학 교수가 불과 3년 만에 순자산 50억 원을 달성했다. 특별한 기술은 없었다. 단지 '나는 워런 버핏과 다를 바 없는 투자자'라고 자신을 재정의했을 뿐이다."『50억 벌어 교수직도 던진 최성락 투자법』(최성락 저, 페이퍼로드, 2021)

통화량의 진실을 이해하라
미국의 본원통화는 2015년 약 3조7천억 달러에서 2025년 약 5조 7천억 달러로 증가했다.

통화량이 10년 만에 두 배가 되면, 우량자산의 가격은 세 배, 네 배까지 오른다.

돈의 가치는 줄고, 자산의 가치는 커진다. 이 단순한 진리를 이해해야 한다.

부자의 사고방식을 훈련하라
시간을 다르게 쓰고, 사람을 다르게 만나야 한다.
좋은 사람을 만나는 것이 부자가 되는 첫걸음이다.
내 가치가 높아질수록, 더 좋은 사람과의 연결이 생긴다.

멘탈의 크기가 곧 그릇이다
『돈의 속성』(김승호 저)을 반드시 읽고, 돈과의 관계를 재정립하라.

평범한 직장인이 부자가 되는 길
절약의 습관을 투자로 연결하라.
매일 읽고 생각하라. 독서가 복리의 기초다.
나보다 현명한 사람을 만나 시간을 절약하라.

주식투자는 하방은 제한(최대 원금만 손실)되어 있으나, 상방은 제한이 없는 신비의 돈 복사기이다.

이제 주식투자 회사를 차렸으니, 사업계획서를 작성하자.

2. 투자 철학. 장기투자의 핵심은 '만만디'와 '복리의 마법'

주식투자는 행복하기 위해서 한다. 여윳돈으로만 하라. 장기투자를 하자.

투자 철학. 흔들리지 않는 3가지 기둥
주식 투자는 단순한 지식이나 정보 싸움이 아니라, 우리의 심리와 태도, 그리고 시간을 이겨내는 인내의 싸움이다.

나는 주식시장에서 끝까지 살아남아 복리의 마법을 온전히 누리기 위해, 반드시 지켜야 할 세 가지 투자 철학을 먼저 세웠다.

> **기둥 1**   시간과 친구가 되는 '만만디' 투자 (장기 보유의 원칙)

투자 목표는 자산 증식을 넘어, 투자의 과정 그 자체를 즐기고 행복해지는 것이어야 한다. 그러기 위해서는 '여윳돈'으로만 투자하고, 서두르지 않는 '만만디(慢慢地)' 정신을 가져야 한다.

- **복리 훼손 금지** : 아인슈타인이 '세계 8대 불가사의'라 칭한 복리의 마법을 훼손해서는 안 된다. 잦은 매매는 거래세와 수수료로 수익의 1~3%를 낭비할 뿐이다. 좋은 비즈니스에 발을 들였다면, 시장의 단기 변동성에 흔들리지 말고 그저 눌러 앉아 있어야 한다.
- **시간은 우군이다** : 주식 투자는 시간과의 싸움이다. 짧게 대하면 시간이 적이 되지만, 5년, 10년, 20년 길게 동맹을 맺으면 시

간은 가장 강력한 우군이 된다. 손실은 원금에 그치지만, 수익은 무한대임을 명심하고 10년 후의 '5억 원 수익'을 바라봐야 한다.
- **변동성은 곧 기회** : 주식은 변동하지 않으면 주식이 아니다. 변동성을 기회로 인식하고 "STAY THE COURSE(코스를 유지하라)"는 존 보글의 가르침대로 나아가야 한다. 어차피 금리는 인하되고, 전쟁은 종결될 것이라는 긍정적인 믿음을 가진다.

기둥 2 심리와 태도의 싸움에서 이기는 법 (멘탈 통제)

투자의 가장 큰 적은 시장이 아니라 내 안의 감정이다. 심리적 우위를 확보하는 것이 곧 성공적인 투자의 핵심이다.

- **통제 가능한 것에 집중** : 스토아 철학에서 배우듯, 외부 사건(주가 변동, 전쟁 등)은 통제할 수 없다. 우리가 통제할 수 있는 것은 오직 우리의 태도와 선택이다. 감정을 배제하는 것이 최고의 덕목이다.
- **바보가 되지 마라** : 드루켄밀러조차 닷컴 버블 꼭지에 투자해 손해를 본 것처럼, '이래선 안 된다'는 것을 알면서도 탐욕에 휩쓸리는 것이 인간이다. '싸게 사야 한다'는 워렌 버핏의 원칙을 기억하고, 절대 자신의 원칙을 깨고 비싸게 사지 말자.
- **자신만의 단순한 원칙 내재화** : 타이밍의 유혹, 단타의 유혹, 레버리지의 유혹 등 모든 유혹을 버려야 한다. 묘수 대신 '정수'만 두는 바둑처럼 단순한 전략을 반복하라.

> **기둥 3**　**사업가 마인드와 통찰력 훈련 (공부와 관찰)**

주식투자를 '단순한 숫자 놀음'이 아닌 '자기 사업'으로 인식해야 한다. 내가 투자하는 회사의 미래를 책임지는 사업가라는 태도로 접근하여야 한다.

- **나는 투자자가 아닌 사업가** : 주식 농부 박영옥 님 말씀처럼, "나는 투자자가 아니다. 그래서 주가는 신경 쓰지 않는다. 나는 사업가이다. 그래서 회사의 미래만 본다."는 자세가 필요하다. 1~2년을 지켜보고 확신이 들면 매수(참여)하고 기다린다.
- **통찰력 훈련** : 이론 없는 실전은 모래성이다. 공부는 원칙을 점검하고, 종목을 발굴하며, 이미 보유한 종목을 재점검하기 위해 필수이다. 특히 섹터 전체 밸류체인을 융합적으로 공부하는 것이 중요하다.
- **Different Thinking** : 모두가 동의하는 확실한 길에는 기회도 없다. 남들과 다르게 생각하는 'Different Thinking'을 연습하여, 모두에게 소음인 정보 속에서 투자 기회를 발견해내야 한다.
- **개인의 무기, 시간의 자유** : 기관은 성과 압박 때문에 장기투자가 어렵지만, 개인에게는 시간의 자유라는 무기가 있다. 이기는 싸움만 하기 위해 타이밍의 유혹을 버리고, 시간을 활용해 이겨 놓고 싸워야 한다.

가진 것에 만족하고, 매일 조금씩 현명해지면서, 책을 읽자.

3. 단타인가? 장투인가? 자신의 투자성향 파악

투자의 출발점은 '내가 어떤 투자자냐'인지를 아는 것이다.
장기투자인가, 단기투자인가.
분산형인가, 집중형인가.
성장주를 좋아하는가, 배당주를 선호하는가, 아니면 ETF로 안정성을 추구하는가.
이 질문들에 솔직히 답해야 한다.

장기 vs 단기
장기투자는 복리의 마법을 믿는 투자법이다. 기업의 성장과 시간을 친구로 삼는다. 단기투자는 시장의 파동을 활용하는 기술이다. 그러나 잦은 매매는 감정의 롤러코스터를 동반한다.

둘 중 어느 쪽을 택하든, '내 성격이 견딜 수 있는 투자 기간'을 먼저 정해야 한다.

분산 vs 집중
분산투자는 겸손한 투자다. 예측할 수 없는 미래에 대한 방어 전략이며, 파산 확률을 낮춘다. 집중투자는 확신의 투자다. 공부를 통해 진정으로 이해한 기업에 자본을 모은다.

리스크를 줄이려면 분산을, 수익률을 극대화하려면 집중을 택하라. 정답은 없다. 다만 '나의 성격과 철학에 맞는 방식'이 정답이다.

성장주 vs 배당주 vs ETF
성장주는 미래를 사고, 배당주는 현재를 산다. ETF는 둘의 중간에 있다. 안정적이지만, 방향을 잘 골라야 한다.

직장인에게는 ETF가 최고의 장기 투자 수단이다. 단, 성장 섹터 중심의 ETF를 선택해야 복리 효과가 극대화된다.

QQQ나 SOXX 같은 ETF는 기술섹터에 몰려 있는 '섹터 집중형'이다. 진정한 분산을 원한다면 S&P500을 추종하는 SPY가 적합하다.

투자 규모와 목표 수익률
내가 감당할 수 있는 투자 금액, 기대할 수 있는 수익률을 명확히 정하라.
목표 없는 투자는 방향 없는 항해와 같다.

그리고 투자 지역을 묻는다면 답은 분명하다. 미국 시장이다.
세계 최고의 기업, 투명한 제도, 풍부한 유동성. 장기투자의 무대는 미국이다.

4. 어디에 투자하여야 하나? 미국시장

나는 2020년 8월, 처음으로 미국 주식시장에 발을 들였다. 그동안 나는 부동산 투자로 세월을 보냈다. 하지만 시대의 흐름이 바뀌고 있었다.

부동산 시장의 한계가 눈에 보였고, 세상의 돈은 점점 기술과 혁신의 방향으로 흘러가고 있었다. 그 길의 중심에는 언제나 미국이 있었다.

장기 성장성과 혁신의 무대
미국 주식의 가장 큰 매력은 지속 가능한 성장성이다.
S&P500 지수는 지난 수십 년간 연복리 약 10%의 안정적인 수익률을 기록했다. 단기 조정은 있더라도 장기적으로는 언제나 우상향했다. 그것은 운이 아니라, 구조의 힘이었다.

미국에는 인류의 미래를 바꾸는 기업들이 모여 있다. AI·클라우드·전기차·반도체·헬스케어 등, 미래 산업의 대부분이 미국에서 시작되고 성장한다. 엔비디아, 애플, 마이크로소프트 같은 기업들은 단순한 기업이 아니라 하나의 문명 인프라다. 이 기업들이 세계 시장을 장악하는 동안, 그들의 투자자는 복리의 기적을 경험했다.

신뢰할 수 있는 시장, 그리고 달러의 힘
미국 시장은 자본주의의 심장이다. 기업의 투명한 회계, 엄격한 공시

제도, 그리고 세계에서 가장 깊고 넓은 유동성이 있다.

시장이 공정하다는 신뢰, 그 신뢰가 자본을 끌어들이고 다시 성장을 만든다.

달러는 단순한 화폐가 아니라 세계의 기축통화다. 위기가 와도 달러는 도망가지 않는다. 달러 자산에 투자한다는 것은 세계 경제의 중심축에 내 자산을 걸어두는 일이다.

그래서 나는 달러 자산, 특히 미국 주식이야말로 가장 강력한 방어 수단이자 성장 엔진이라고 믿는다.

숫자로 보는 미국 시장의 위상
2025년 기준, 미국 증권시장의 전체 시가총액은 약 52조 달러에 달한다. 뉴욕증권거래소(NYSE)가 약 31조 달러, 나스닥(Nasdaq)이 약 30조 달러 수준이다.

전 세계 주식시장의 절반 이상이 미국에 몰려 있다. 이는 단순한 경제 규모의 차이를 넘어, 혁신의 중심이 미국임을 증명하는 숫자다.

반면, 같은 시기 한국 증권시장의 전체 시가총액(코스피 + 코스닥)은 약 1,680조 원, 달러로 환산하면 약 1.2조 달러 수준이다.

규모의 차이가 곧 기회의 차이다. 돈이 모이는 곳, 그곳이 바로 미국이다.

부동산보다 주식이 유리한 이유

이제 솔직히 말하면, 지금의 부동산 시장은 더 이상 과거처럼 안정적 자산 증식의 수단이 아니다.

부동산은 세금이 무겁다. 보유세, 양도세, 취득세가 연쇄적으로 자산을 갉아먹는다. 또한 매매가 자유롭지 않다. 거래비용이 높고, 유동성이 낮다.

반면 주식은 대바겐세일이 자주 열린다. 좋은 기업이 일시적으로 과매도되는 순간이 늘 존재한다. 종목이 많고 선택의 폭이 넓으며, 세금 체계도 단순하다.

또한 규제나 이해충돌 우려가 적어, 전문가에게도 효율적이다.

그리고 무엇보다 부동산보다 주식이 수익률이 훨씬 높다.

한국 부동산의 구조적 둔화

한국의 부동산 시장은 이미 성장 피로기에 접어들었다. 고령화, 인구 감소, 저성장, 고금리, 세금 강화, 지역 양극화. 이 여섯 가지 요인이 동시에 부동산의 발목을 잡고 있다.

- **고령화·인구감소** : 생산가능인구가 줄며 주택 수요가 감소세로 전환.
- **저성장 국면** : 과거처럼 소득이 급성장하지 않는다.
- **세금 규제** : 다주택자에 대한 보유세·양도세 강화로 투자 매력 저하.

- **지역 양극화** : 수도권 일부를 제외하면 거래절벽과 가격하락.

이 모든 흐름을 종합하면, 부동산은 더 이상 '시간이 해결해주는 투자'가 아니다.
이제는 유동성과 복리의 시대다. 돈이 일하도록 만들어야 한다.

결론 : 왜 나는 미국 주식에 투자하는가
나는 한때 '땅'이 가장 안전하다고 믿었다. 그러나 이제는 '기업'이 더 안전하다고 생각한다. 좋은 기업은 기술과 사람을 먹여 살린다.

그리고 그 기업들이 모여 있는 곳, 그곳이 바로 미국 주식시장이다. 미국 주식은 단순한 투자처가 아니다. 그것은 세계 경제의 심장, 그리고 나의 자산이 시간과 함께 성장할 수 있는 유일한 무대다.

5. 나의 투자 공부법. 거인의 어깨 위에서 통찰을 얻다

정보가 아닌 '통찰'을 얻기 위한 여정
나는 주식투자를 시작하기 전, 먼저 '거인의 어깨 위에 올라서기'로 마음먹었다. 그래서 워런 버핏, 피터 린치, 찰리 멍거, 존 템플턴, 캔 피셔 등 세계적인 거장들의 책을 읽으며 그들의 사고방식과 철학을 깊이 탐구했다.

책을 읽을 때마다 내 성격과 맞닿는 구절에 밑줄을 긋고 메모를 남겼다. 그렇게 쌓인 기록은 **나만의 투자철학, 종목선정 기준, 매수·매도 원칙**으로 정리되었다.

책으로 '기초 체력'을 다졌다면, 다음 단계는 영상과 실전 사례였다.

유트브 블로그 그리고 유료 매체 구독
나는 유트브, 네이버 블로그 등에서 통찰력 있는 콘텐츠를 꾸준히 찾아보았다. '미국주식'이라는 단어를 일부러 자주 검색해, 유트브의 AI 알고리즘이 관련 영상을 지속적으로 추천하도록 만들었다. 그 결과, 유용한 영상들이 끊임없이 내 피드에 나타났다.

내가 즐겨보는 유트브 채널은 다음과 같다.
미주미, 올랜도킴, 올바른, 부자회사원, 미국경제정복하기, 미국주식 한입, 알파오메가, 제이디드월드, 미주부, 킴스미국주식, 재테크농부, 웅덩이매매법, 오선의 미국증시 라이브, 해주부TV, 미국회

계사EK, 텐베거헌터, 주식소장, 세상의 모든 책들, 상한가 추월차선, 특히 올랜도킴은 소형주 발굴에 탁월하다.

이 채널들에서 얻은 정보를 토대로 나는 추가 공부를 이어간다.

또한 인베스팅, 더밀크, 올바른 등 해외 경제 전문 매체를 유료 구독하며 글로벌 트렌드를 체계적으로 점검한다.

페이스북과 쓰레드. 실시간 인사이트의 창
최근에는 메타가 운영하는 SNS인 페이스북과 쓰레드(Threads)를 적극 활용하고 있다.

페이스북은 인맥 기반의 플랫폼이기에, 통찰력 있는 사람들의 글을 실시간으로 접할 수 있다는 장점이 있다.

특히 나는 **손정우, 오건영, 김택균, 손재권, 김재현, 권효재, 권석준, 배재규, 김봉수, 김성일, 홍영표, 이태호, 감민상, 도안구, 강정수님**의 글을 애독한다. 그들의 글은 경제 구조, 투자 심리, 기술 변화에 대한 깊은 통찰을 담고 있다.

쓰레드는 짧고 명료하다. 글자 수가 제한되어 핵심만 담고, 광고도 거의 없어 집중이 쉽다.

'미국주식'으로 검색을 자주 하면, 알고리즘이 알아서 관련 종목과 트렌드를 지속적으로 보여준다. 여기서는 종목 추천과 실제 투자자들의 생생한 경험을 얻을 수 있다.

사람과의 연결. 최고의 공부법
나는 테크밸리 인사이트를 비롯해 여러 주식 모임에 참여하고 있다. 현재 4개의 투자 커뮤니티에서 활발히 활동하며 정보를 교환한다.

특히 손정우님이 운영하는 **'테크밸리인사이트'**, 정주용님이 운영하는 **'돈투프렌즈'** 단톡방은 실시간 정보와 투자 심리를 함께 나누는 훌륭한 학습 공간이다. 참고로 위 단톡방에 들어가려면 반드시 주인장으로부터 직접 초대를 받아야 한다.

또한 세계적인 운용사인 베일리기포드(BaillieGifford)와 아크인베스트(ARK Invest)의 포트폴리오를 꾸준히 분석하며, 그들의 투자 방향성에서 미래 산업의 흐름을 읽는다.

이처럼 유트브, 블로그, SNS, 단톡방에서 얻는 정보는 누구나 접근할 수 있다.

그러나 차이는 '정보를 해석하는 능력'에서 생긴다. 결국 승부는 직관과 통찰력이다.

독서. 통찰을 만드는 근력
직관과 통찰은 하루아침에 생기지 않는다. 그 근원은 독서다. 워런 버핏과 찰리 멍거 역시 평생의 시간을 독서에 바쳤다.

나도 2025년 10월 28일 현재까지 총 80권의 책을 읽었다.

나는 미국 주식에 대한 입문서로 소수몽키의 「한권으로 끝내는 미국 주식」을 읽었다. 초보자도 이해하기가 쉽다. 그리고 2025년 4월에 나온 장우석의 "미국주식이 답이다 2026"도 입문서로 손색이 없다.

위 책들중 인상 깊었던 국내 저서로는 강방천의 「관점」, 서재형의 「투자교실」, 홍진채의 「거인의 어깨」가 있다. 이 책들은 한국형 가치투자의 방향을 명확히 보여주었다.

그리고 나의 돈 그릇을 키워준 책이 바로 김승호의 「돈의 속성」이다. 이 책은 주식투자를 떠나서라도 반드시 읽어야 할 책이다. 이 책을 읽고 실천하는 것이 하나 있다. 길을 가다가 10원짜리라도 동전이 보이면 반드시 주워서 주인을 찾아줄 수 없다면 집으로 가져와 깨끗이 씻은 다음에 잠시 기도를 한다. "나는 너를 좋아하니 너의 친구들을 많이 데리고 내게 와라"

공부할 시간이 부족하다면, 사람을 만나라
여기까지 읽고 "나는 공부할 시간이 없다"고 느껴, 주식투자를 포기하면 안된다. 해결책이 있다. 바로 좋은 사람을 만나서, 그 사람을 따라 하면 된다.

인플레이션 시대에는 돈이 가만히 있으면 녹는다. 하지만 좋은 스승과 좋은 사람을 만나면, 돈이 일하기 시작한다.

결국 주식 공부의 핵심은 '정보'가 아니라 '사람'이다.
사람이 곧 인사이트이며, 인사이트가 곧 부(富)다.

6. 멘토의 중요성. 좋은 사람을 만나는 것이 최고의 공부

나홀로 걷는 길. 멘토는 나침반이다
주식 투자 여정을 홀로 걷는 것은 험난한 산행과 같다. 지치고 길을 잃기 쉬우며, 작은 심리적 실수가 평생 모은 자산에 큰 손실을 가져오기도 한다. 이때 좋은 멘토를 만나는 것은 투자 인생에서 시행착오의 비용을 최소화하고 성공에 이르는 시간을 단축하는 가장 확실한 방법이다.

멘토는 단순히 '종목'을 추천해 주는 사람이 아니다. 그들은 오랜 시간 시장에서 살아남아 자신만의 확고한 철학과 원칙을 정립한 사람들이다. 특히, 그들이 성공과 실패를 통해 체득한 '만만디(慢慢地)' 투자 철학이나 멘탈 관리 노하우는 어떤 책이나 강의로도 얻기 힘든 귀중한 자산이다.

내가 만난 멘토들은 나에게 '사고의 틀'을 선물해 주었다. 어떤 기업에 투자해야 하는지, 왜 꾸준히 보유해야 하는지에 대한 지적 무게중심을 잡아주었으며, 이것이 하락장에서 나의 두려움을 잠재우고 엔비디아와 팔란티어를 장기 보유하게 만든 근본적인 힘이었다. 멘토의 지혜를 내 것으로 만드는 것, 이것이 최고의 공부이다.

자만심의 대가. 기회를 놓친 후회
지금 와서 가장 후회하는 것은 자만심이었다. 나는 변호사라는 핑계로 스스로 자존감을 갖는 것을 넘어, 타인의 조언을 듣지 않는 자만심을 품고 살았고, 그 결과 삶의 중요한 멘토를 만들지 못했다. 변호사라는 직업이 오히려 나쁜 결과를 초래한 것이다.

이 자만심이 나에게 얼마나 큰 대가를 치르게 했는지, 뼈저리게 후회하는 경험이 있다. 1998년, 나는 당시의 스타트업으로부터 보수 대신 액면가로 회사 주식을 받으라는 제안을 받았다. 돈을 잘 벌고 있다는 자만에 빠져 그 제안을 거절했다. 그 기업은 현재 거대한 기업군을 거느린 상장사가 되었다. 만일 그때 멘토를 두고 상의했더라면, 나의 투자 인생은 완전히 다른 방향으로 흘렀을 것이다.

나이가 들어 깨달은 것은 결국 좋은 사람을 만나는 것이 부자가 되려는 길의 가장 중요한 요소라는 사실이다. 20대, 30대, 아니 40대에라도 미국 주식투자를 일찍 시작했더라면 더 큰 부자가 되어 있었을 것이다. 왜 그렇게 주식투자를 죄악시했는지 모른다.

나의 스승들. 지식을 넘어 방향을 공유하다
다행히도 지금의 나는 훌륭한 멘토들을 두고 있다. 그중 한 분은 나보다 나이는 어리지만, 종목과 산업 분석에서는 단연 최고라고 생각하는 '테크밸리인사이트'의 대표이고, 3.3.캠퍼스에서 해외주식 스페셜리스트로 활동하는 손정우님이다. 반도체, 로봇, 자율주행 등 모든 분야에서 현업 종사자가 놀랄 정도의 깊이로 분석하는 그분의 통찰력은 나에게 '삶의 방향을 알려주는 멘토' 그 자체이다.

나는 이분 외에도 테크밸리인사이트에서 반도체 연구원, 대학교수 등 기라성 같은 고수 37명과 함께 매달 공부하고 토론한다. 투자 관련 책을 80권 넘게 읽는 것과 더불어, 이 지적인 교류가 나의 성장을 이끌고 있다.

멘토를 얻는 지혜. 열정으로 매력을 어필하라
이 글을 읽는 독자분들은 꼭 멘토를 만들기를 바란다. 멘토를 만들기 위해서는 내가 멘토에게 줄 수 있는 무언가가 있거나, 적어도 나의 간절한 열정을 어필할 수 있어야 한다.

하지만 때로는 아무것도 없어도 부자가 되고 싶은 의지와 배움에 대한 열정만으로 기꺼이 멘토를 맡아주는 분도 계신다. 결국, 용기를 내어 멘토에게 다가갈 힘은 '부자가 되고 싶은 의지'에서 나온다.

부끄럽지만 이제 나에게도 몇 명의 주식 멘티가 생겼다. 나는 아직 경력 6년 차 주린이지만, 좋은 사람과의 교류를 통해 매일 조금씩 현명해지기 위해 노력하고 있다.

이 글을 읽는 모든 분들이 공부와 좋은 인맥을 통해 투자 성공의 길을 걷기를 진심으로 기도한다.

7. 독립적 사고를 훈련하라. 통찰력만이 기회를 잡는다

정보의 평등. 결과의 불평등

정보가 폭포수처럼 쏟아지는 시대이다. 기관과 개인 간의 정보 격차는 과거처럼 크지 않다. 모두가 같은 뉴스를 보고, 같은 재무제표를 다운로드할 수 있다.

하지만 왜 투자 결과는 천지 차이일까? 그 결정적인 차이는 정보를 해석하고 미래를 꿰뚫어 보는 통찰력(Insight), 즉 독립적 사고 능력에서 나온다.

단순히 '좋다'는 이야기에 혹하는 대신, 우리는 거대한 변수들이 어떻게 산업의 밸류체인을 바꾸고 있는지 깊이 파고들어야 한다.

핵심관점	분석관점
기술혁명	AI, UAM, 소형 원자로, 양자 컴퓨팅 등 메가트렌드 속에서 다음 주도주를 찾아야 한다. 특히 AI 쓰나미가 기존 기업의 프리미엄을 축소시키고 생존을 위협하는 상황을 주시해야 한다.
매크로변수	금리(연준의 유동성 정책), 인플레이션, 환율, 지정학적 리스크(전쟁, 유가)는 시장 전체의 흐름을 결정한다. 거시경제의 변화를 읽는 것은 물결의 방향을 아는 것과 같다.
밸류체인분석	주도주의 앞뒤를 분석해야 한다. 엔비디아의 성장이 수많은 후방 산업에 미치는 영향을 파악해야 큰 기회를 놓치지 않는다.

몰락 사례에서 통찰력을 연마하다

투자의 통찰력은 성공 사례보다 몰락 사례에서 더 날카롭게 연마된다. 과거 시장의 제왕이었던 인텔, 코닥, 노키아의 몰락 과정을 되짚어 보라. 그들은 기술력이 부족해서 망한 것이 아니라, 변화하는 미래를 '틀리게 믿는 것을 고집'했기 때문에 몰락했다.

미래를 정확하게 예측하는 것은 불가능하다. 하지만 이미 눈앞에 펼쳐지기 시작한 미래의 징후를 보고도, 익숙함 때문에 과거의 방식을 고집하는 태도야말로 경계해야 할 가장 큰 적이다.

다르게 생각하는 연습. 모두가 보는 것에서 아무도 보지 못하는 것을 발견하다

성공한 투자자나 사업가들은 공통적으로 '다르게 생각하는 연습'을 했다. 고(故) 정주영 회장이 소양강댐 건설을 수주한 후, 이 댐 건설이 한강의 홍수를 막아 압구정동 땅의 가치를 폭발적으로 상승시킬 것이라고 예측하고 땅을 매입한 일화는 '다르게 생각하기'의 정수이다.

모두가 보는 현실 속에서 아무도 보지 못하는 미래 가치를 발견해 내는 직관, 안목, 그리고 영감에 투자해야 한다.

결국, 통찰력을 키운 독립적 사고만이 기회가 왔을 때 그것을 단순한 '뉴스'가 아닌 '베팅해야 할 타이밍'으로 인식하게 만든다. 우리는 이 통찰력을 끊임없이 훈련해야 한다.

제3부

종목 선정과 매수·보유·매도 원칙

제3부 종목 선정과 매수·보유·매도 원칙

1. 종목 선정의 8가지 절대 원칙. 인간의 삶을 바꾸는 세계 1등 기업 찾기

주식투자 성공의 90%는 종목 선정에 달려 있다. 이 핵심 단계를 통과하기 위해 나는 다음 8가지의 절대적인 필터링 원칙을 고수한다.

가. 성장성과 방향성에 관한 원칙 (무엇을 살 것인가)

원칙 1 인간의 삶을 바꾸는 '세계 1등 기업'에 투자한다

우리는 단순히 좋은 기업이 아니라, 세상에 없던 것을 만들어 내거나 인간의 삶을 근본적으로 변화시키는 거대한 흐름(메가트렌드) 속에 있는 기업에 투자해야 한다.

중요한 것은 세계 1등 기업을 찾는 것이다. 2등 기업은 언젠가 1등에 종속되거나 시장에서 밀려날 위험이 크다.

원칙 2 해당 산업과 밸류체인을 완벽히 이해하라

기업을 믿으려면 산업을 믿어야 한다. 반도체라면 8대 공정과 밸류

체인을, 2차 전지라면 양극재, 음극재, 분리막, 전해질의 역할을 먼저 이해해야 한다. 이 공부를 통해서만 최고의 종목을 선정할 수 있다.

ASML처럼 극자외선(EUV) 노광장비를 완전 독점하며 삼성, TSMC를 사실상 '을'로 만드는 기업이 바로 밸류체인의 핵심에 있는 기업이다.

원칙 3   일상생활의 변화 속에서 종목을 찾는다

투자는 멀리 있지 않다. 우리가 매일 소비하는 제품, 서비스, 그리고 일상 속 작은 변화에서 기회를 포착할 수 있다.

해외에서도 열풍인 삼양식품의 불닭볶음면을 시작으로, 그 매운 소스를 납품하는 에스앤디와 같은 후방 기업까지 연결지어 생각하는 통찰력이 필요하다.

나. 지속 가능성 및 해자에 관한 원칙 (어떻게 오래 보유할 것인가)

원칙 4   해자가 있는 기업. 혹은 1등 기업만 매수한다.

해자(Moat)란 경쟁자가 쉽게 넘볼 수 없는 기업만의 독점적 경쟁 우위를 말한다. 특히 소형 성장주에 투자할 때는 이 해자가 핵심이며, 해자가 아직 형성 중이라면 최소한 해당 분야 1등 기업을 매수해야 한다.

이 원칙을 지키지 않고 투자한 프로테라(Proterra)의 상장 폐지 사례는 원칙 준수의 중요성을 뼈저리게 가르쳐 주었다.

원칙 5 **최소 10년 이상 보유할 주식만 매수한다**

단기 변동성에 흔들리지 않으려면, 장기 보유에 대한 확신이 필요하다. 워런 버핏의 '10년을 보유하지 않을 주식은 10분도 보유하지 말라'는 원칙에 따라, 투자를 한 뒤에도 복리의 마법을 믿고 묵묵히 기다릴 수 있는 종목을 골라야 한다.

원칙 6 **사업이 좋은 회사를 찾아라 (경영자보다 산업)**

버크셔 해서웨이의 켄 체이서가 지적했듯이, 아무리 훌륭한 경영자도 사업 환경 자체가 나쁘면 소용이 없다. 경영자의 능력보다, 시대의 흐름을 타는 좋은 사업을 영위하는 회사를 찾는 것이 우선이다.

다. 리스크 통제에 관한 원칙 (무엇을 피할 것인가)

원칙 7 **자본이 많이 들어가는 회사(고정 비용 부담)는 피한다.**

무선 통신 사업이나 케이블 방송처럼 지속적으로 대규모 자본 투입이 필요한 사업은 현금 흐름에 부담을 주어 장기 수익성을 저해할 수 있다. 자본 효율성이 높은 기업을 선호해야 한다.

원칙 8 **테마주나 급등주는 절대 사지 않는다**

테마와 유행에 따른 투기는 결국 손실을 낳는다. 투자자는 본질적 가치에 집중해야 한다.

또한 버핏의 '평생 20개만 사용하는 펀치카드' 투자법처럼, 엄선된 소수의 확신 종목에 집중하는 것이 리스크 관리와 수익률 극대화에 유리하다.

2. 종목 발굴 방법. 탑다운과 바텀업의 활용

종목 선정의 두 가지 길. 탑다운(Top-down)과 바텀업(Bottom-up)
주식 투자의 길에는 크게 두 가지 방식이 있다. 하나는 '하늘에서 내려다보는 시각(Top-down)', 다른 하나는 '땅에서부터 올라가는 시각(Bottom-up)'이다. 성공적인 투자를 위해서는 이 두 가지 방식의 특징을 명확히 이해하고, 자신에게 맞는 방식을 주도적으로 활용해야 한다.

탑다운식. 큰 물줄기를 먼저 읽는 사람들
탑다운식 투자는 거시경제(Macro) 흐름에서 출발하는 접근법이다. 금리, 환율, 인플레이션 등 경제 전체의 방향을 읽는다.

가장 유망한 산업을 고른다. AI, 친환경 에너지, 전력 인프라 등 그 산업 내에서 투자할 1등 기업을 찾는다.

금리가 하락하고 인공지능이 산업 전반을 바꾸는 시대라면, AI 반도체, 데이터센터, 전력 인프라 같은 주제가 먼저 눈에 들어온다. 그 후 엔비디아(NVIDIA)나 GE 버노바(GE Vernova) 같은 종목이 구체적으로 부각되는 방식이다.

- **장점** : '큰 흐름에 올라타는 힘'이 생긴다. 산업의 상승 국면에 있는 기업은 작은 악재나 실수에도 쉽게 휩쓸리지 않고 상승세를 탄다.

- **단점** : 너무 거시적인 관점에만 머물 경우, 시장이 일시적으로 무시하고 있지만 내재 가치가 뛰어난 '좋은 기업'을 놓칠 수 있다.

탑다운식의 초점 : "세상이 어디로 가는가?"에 집중한다.

바텀업식. 씨앗을 찾아내는 사람들

바텀업식 투자는 거꾸로 간다. 경제 전체나 산업의 흐름보다 '기업 그 자체'를 먼저 분석한다. 사업 모델, 재무제표, 경영자 철학, 경쟁 우위(해자), 성장 스토리를 면밀히 검토하고 그 기업의 본질적 가치를 기준으로 투자 결정을 내린다.

한 중소형 바이오 기업이 독보적인 기술력이나 특허를 보유하고 있다면, 경기가 일시적으로 나쁘더라도 장기적으로는 성장할 가능성이 있다고 보고 투자한다. 시장이 일시적으로 무시하는 '씨앗' 같은 종목을 발굴하는 것이 바텀업식의 진수다.

- **장점** : 기업의 내재 가치에 집중한다는 점이다. 시장의 평가와 관계없이 저평가된 종목에서 큰 수익을 거둘 가능성이 존재한다.
- **단점** : 거시적 환경이 악화되면 아무리 좋은 기업도 오랫동안 저평가 상태에 머무르거나 시장 전체의 하락을 피하지 못할 위험이 있다.

바텀업식의 초점: "이 기업은 진짜로 무엇을 잘하는가?"에 집중한다.

나의 종목 발굴 방식. 탑다운을 주축으로

나는 탑다운 방식을 선호한다. 세상의 큰 흐름, 즉 금리·정책·산업 트렌드를 먼저 읽고 순풍을 타는 기업에 투자하는 것이 훨씬 마음이 편하다. 이 접근법은 나의 투자 초기에 큰 확신을 주었다.

2020년 8월, 투자를 시작하기 전에 나는 먼저 향후 10년을 이끌어갈 투자 섹터를 명확하게 정했다. 당시 내가 선정한 핵심 섹터는 다음과 같았다.

반도체, 전기차(자율주행), 2차전지, AI, 로봇, 드론, 사이버 보안, 빅데이터 & 클라우드가 그 섹터이다.

섹터를 정한 후에는 그 분야 1등 기업으로서 '인간의 삶을 바꾸는 기업'만을 선택했다. 이것이 엔비디아, 테슬라, 비야디(BYD) 같은 종목에 큰 비중을 싣게 된 계기였다.

주식투자 성공 여부는 종목 선택이 90%다. 워런 버핏의 말처럼 10년간 보유하지 않을 종목은 10분도 보유하지 않아야 한다. 나의 투자 성공 이유는 한마디로 종목 선택이었고, 그 선택을 계속 보유한 끈기 덕분이었다.

3. 핵심을 꿰뚫는 통찰. 밸류체인 공부와 신뢰의 잣대

80페이지 스터디가 5년 존버의 근원
우선 해당 산업의 밸류체인을 먼저 공부해야 한다.
예를 들어 반도체라면 8대 공정을, 2차 전지라면 양극재, 음극재, 분리막, 전해질, 리튬을 꿰뚫고 있어야 한다. 그래야만 내가 투자한 기업이 해당 산업 생태계에서 어떤 독점적 위치를 차지하고 있는지 명확히 이해할 수 있다.

나는 엔비디아 매수 전, 반도체 8대 공정과 밸류체인에 집중해 약 80페이지 분량의 스터디 자료를 스스로 완성했다. 이것이 만 5년 동안 하락장과 횡보장을 겪으면서도 주식을 팔지 않고 버틴 힘의 근원이었다.

공부 없는 투자는 베팅에 불과하다. 하지만 산업에 대한 깊은 이해는 '확신'이라는 강력한 방패를 만들어 준다.

다행히 요즘은 관련 공부를 하기 쉬워졌다. T.W.I.G 출판사의 『진짜 하루 만에 이해하는 OO산업』, 메리츠증권 리서치센터의 『글로벌 주식투자 빅 시프트』, 그리고 에프엔미디어의 『상장기업 업종지도』 같은 책들이 독자들의 수고로움을 크게 덜어주고 있다. 해당 산업과 밸류체인을 이해하면 종목 선택이 쉬워지고, 무엇보다 시장의 등락에 흔들리지 않는 '버티는 힘'이 강해진다.

유대인의 상술과 손정의 회장
종목 선정의 두 번째 잣대는 '경영자가 유대인이거나 유대 자본이 깊게 관여한 기업'이다.

나는 일본인 '후지다 덴'이 쓴 『유대인의 상술』을 애독한다. 이 책은 단순한 상술이 아니라, 유대인의 상거래 철학, 즉 신뢰·지식·윤리·자본 효율성의 본질을 꿰뚫은 통찰서다.

소프트뱅크의 손정의 회장 역시 16세 청소년 시절 이 책을 읽고 인생이 바뀌었다. 그는 책을 읽는 데 그치지 않고, '후지다 덴'을 수차례 찾아가 결국 15분간의 대화를 성사시켰다. 그 짧은 만남에서 '후지다 덴'은 손정의에게 "컴퓨터 산업을 주목하라"는 한마디를 남겼다. 그 조언이 손정의의 인생을 바꿨고, 소프트뱅크 창립의 기반이 되었다.

한 권의 책과 한 번의 만남이 세계 기술 산업의 지형을 바꾼 셈이다.

신뢰를 자산으로 삼는 경영자에게 투자하라
『유대인의 상술』에서 가장 깊은 인상을 남긴 대목은 "유대인은 신뢰를 목숨처럼 여긴다"는 구절이었다. 이 단호한 신뢰의 원칙이야말로 유대 자본의 근간이다. 나는 그 철학을 투자에 적용했다.

특히 해외 소형 성장주에 투자할 때는 경영자의 신뢰가 무엇보다 중요하다. 문제는 대형주와 달리, 소형주 경영자에 대한 정보가 거의 없다는 점이다. 엔비디아의 젠슨 황, 테슬라의 일론 머스크 같은 인물들은 이미 세간의 검증을 거쳤지만, 무명의 소형주 경영자는 그의 윤리, 철학을 확인할 길이 거의 없다.

그래서 나는 종목 선택의 원칙에 하나의 기준을 추가했다. "경영자가 유대인이라면, 일단 신뢰하고 투자한다." 이것은 단순히 민족적 선호가 아니다. 유대인들은 신뢰를 자산으로, 거짓을 죄악으로 여긴다. 그들의 상거래 문화에서는 장부 조작이나 허위 보고가 존재하기 어렵다고 본다.

게다가 세계 경제의 흐름 속에서 그들 간의 네트워크, 정보력, 자본 접근성은 막대한 힘을 발휘한다. 요즘 유행하는 '피터 틸 마피아'라는 말도 이러한 강력한 네트워크의 힘을 방증한다.

따라서 소형 성장주 중 경영자가 유대인 출신이거나 유대 자본이 깊게 관여한 기업이라면, 그 자체로 '신뢰의 방패막이'가 있다고 판단한다.

물론 이 잣대는 참고사항일 뿐, 단독 투자 판단 기준은 아니며, 산업의 방향성이 가장 중요한 전제 조건임은 변함없다.

4. 매수 원칙. 웅덩이(가치) 매수와 추세 추종의 결합

아래에 소개하는 매수원칙은 투자 시작 초기에 정한 것이 아니다.

투자 시작 초기에는 막연하게 '싸게 산다'는 원칙은 정했지만, 아래에 소개하는 것처럼 구체적으로 정한 것은 아니다.

투자 시작 초기에는 종목선정에만 집중을 하였고, 그 종목을 싸게 사야 한다는 생각을 하지 못하고, 종목 선정 후에 바로 매수를 시작했다. 그래서 2차전지 종목은 너무 비싸게 매수를 하게 되었다.

주력 종목인 엔비디아, 테슬라, 비야디는 내가 매수 당시 RSI가 과매수 단계임에도 불구하고, 그냥 매수를 한 것인데, 일정 기간이 지난 후에 우상향을 한 것이다. 물론 엄청난 등락은 있었다. 종목선택이 좋았기 때문이지, 그렇지 않았다면 실패를 하였을 것이다.

아래 매수원칙은 그 이후 투자과정에서 조금씩 완성한 것이다.

가. 가치투자 매수 원칙. '웅덩이 매수'

좋은 기업은 언젠가 바겐세일을 맞는다. 그때를 기다리며 공부하고 준비하는 것이 진짜 투자자의 자세다.

평소 종목을 발굴하고 산업과 재무를 철저히 분석한다. 매크로(금리·환율·유동성) 변화로 시장이 흔들릴 때가 기회다. 단, 하락 추세인지, 추세 전환이 임박한지 반드시 확인한다.

"저점매수는 우량주에는 기회지만, 소형 성장주는 추세 전환이 더 중요하다."

가치 매수의 핵심 지표

- 이동평균선 5일선이 최소 60일선, 120일선을 터치할 경우 매수
- RSI 30 이하(대형주는 40 이하) + 골든크로스 발생 시 매수
- 다이버전스 출현 시 추세 반전 가능성 높음
- W자형 이중바닥 패턴 : 두 번째 저점 양봉에서 매수

- RSI 매매법은 {'RSI (Relative Strength Index) 주가의 상승과 하락 강도를 수치로 나타내는 기술적 지표를 이용한 매매법이다.
- 다이버전스는 가격은 계속 오르거나 내리는데, RSI는 그 움직임을 따라가지 못하는 경우에 발생한다. 이는 추세의 힘이 약해지고 반전 가능성이 커지고 있다는 신호이다.

- 약세 다이버전스 : 주가가 10,000원 → 11,000원으로 고점을 높였는데, RSI는 75 → 68로 고점이 낮아짐 → 매수세 약화 신호.
- 강세 다이버전스 : 주가가 10,000원 → 9,000원으로 저점을 낮췄는데, RSI는 28 → 34로 저점이 높아짐 → 매도세 약화 신호
- RSI가 50에서 횡보하는 주식은 매수 안함
- 역배열 하락추세후 아래꼬리 양봉은 중요한 변곡점
- W자 패턴은 중요한 바닥신호로 저점 2개 형성 후 오른쪽 저점 양봉에서 매수 → 그 이후 다시 변곡 저점을 깨고 하락하면 매도

실전 포인트

- RSI 신호 확인 → 기본적 분석으로 기업 검증
- 해자(競爭優位), 신제품, 주도 섹터, 3분기 연속 순이익 증가 여부 점검
- 거래량은 시장 참여자 간의 '의견 충돌'을 보여주는 핵심 신호

가치투자 SWOT

구분	내용
Strengths (강점)	• **기업의 내재가치 대비 저평가 구간 매수** → 장기 수익률 안정성 • 시장 변동성에도 심리적으로 흔들리지 않는 전략 가능 • 재무제표·펀더멘털 기반이라 단기 노이즈에 덜 영향 • 역사적으로 워런 버핏, 벤저민 그레이엄 등 성공 사례 다수
Weaknesses (약점)	• 저평가 상태가 오랫동안 해소되지 않을 수 있음 (가치 함정) ◆ 따라서 하락추세가 언제 반전될지 판단하는 것이 가장 중요 • 실적이 악화된 기업과 단순 주가하락 기업을 구분하기 어려움 • 시장이 비이성적으로 장기간 과대·과소평가할 수 있음 • 단기 수익률 변동성이 높을 수 있음
Opportunities (기회)	• 시장 급락 시 우량주를 할인된 가격에 매수 가능 • 금리 인하·경기 회복 국면에서 재평가 기회 확대 • ESG·산업구조 변화로 특정 가치주 부각 가능
Threats (위협)	• 경기침체 장기화 시 '저평가'가 구조적 침체로 변질 • 가치평가 기준(밸류에이션) 변화에 따른 재평가 위험

나. 추세추종 매수 원칙. '흐름에 올라타라'

2024년 3월, 나는 데이터센터·전력 관련주 매수를 계기로 추세추종 매매를 시작했다. 당시 RSI가 80을 넘는 과매수 구간이었지만, 앞으로의 산업 흐름이 그들을 대세주로 만들 것이라는 확신이 있었다.

추세추종은 긴 횡보후 큰 거래량으로 전고점을 돌파할 경우 매수하고, 매수가격보다 5% 이상 하락하면 거짓 돌파로 보고 손절한다.

추세 매수의 원칙
- 긴 횡보 후 거래량이 급증하며 전고점을 돌파할 때 매수
- 매수가 대비 5% 이상 하락 시 손절 : '거짓 돌파' 방지
- 주도 섹터의 상승추세 종목에만 진입
- 철저한 손절매로 리스크를 관리한다.

"상승 추세에서 매수하는 것이 하락 추세에서 매수하는 것보다 훨씬 확률이 높은 게임이다."

추세추종 SWOT

구분	내용
Strengths (강점)	• **시장의 모멘텀을 활용해 상승·하락 추세에 모두 대응 가능** • **손절·추세전환 규칙이 명확해 리스크 관리 용이** • 주식·선물·환율·원자재 등 다양한 자산군 적용 가능 • **강세장에서는 큰 수익률 가능**
Weaknesses (약점)	• **횡보장·변동성 축소 구간에서는 잦은 손실 발생** • 추세 종료 시 수익 반납 가능성 큼 • **추세를 확인하고 진입하므로 '초기 구간' 수익을 놓침** • 백테스트·시뮬레이션 성과와 실제 성과 괴리 가능
Opportunities (기회)	• AI·빅데이터 기반의 퀀트·알고리즘 매매 기술과 결합 가능 • 변동성 장세에서 짧은 시간 내 큰 수익 기회 • 글로벌 매크로·금융위기·유가 급등락 등 대형 이벤트에 대응 유리
Threats (위협)	• 갑작스러운 뉴스·정책 발표로 추세 붕괴 위험 • 시장 참여자들의 알고리즘 고도화로 추세 길이 단축 가능성 • 고빈도 거래로 인한 수수료·슬리피지 부담

투자전략

확신 있는 기회에는 과감히 베팅하라. 단, 조건이 깨지면 즉시 손절한다.
장기투자가 적성에 맞더라도 최소 6개월마다 재평가하라.
추세와 가치를 절반씩 병행하면 시장 사이클 변화에 강하다.

다. 위기 매수 원칙. 공포를 이겨내는 법

위기 때야말로 초과 수익의 기회다. 2008년 금융위기, 2020년 코로나, 그때마다 시장은 VIX(공포지수)가 80을 넘었다. 그 시점이 바로 매수의 골든타임이다.

> **행동 원칙**
> - 공포지수(VIX) 40 이상 = 시장의 공포, 매수 기회
> - Fear & Greed Index 20 이하 매수, 90 이상 매도
> - 진입 전 손절라인을 명확히 정하고 기록을 남긴다.
> - 평균 수익률이 아니라 평균 손익의 차이를 키워라.
> - 10종목 중 3개만 성공해도 크면 이긴다.

"수익률이 아니라, 나의 확신과 행동이 수익을 만든다."

라. 반반 전법 (4분할 매수전법)

나는 주로 가치투자를 하고, 일부 추세추종 투자를 해 왔다.

그런데 가끔 단기투자로 반반전법을 사용한다.
반반전법은 대중으로부터 어느 정도 관심을 받는 주식이고, 수익이 나는 회사로서, 최고점이 만원이라면 반의 반인 2,500원까지 하락했다면 분할매수를 시작하는 전법이다. 주의하여야 할 점은 상장폐지 위험이 없는 종목을 선정하여야 한다는 점이다.

시총 비중이 크다면 20% 수익시 익절하고, 시총 비중이 작다면 오른쪽 어깨에서 익절한다.

5. 비중 원칙. 확신에 크게 베팅하고 계좌를 분리하라

비중의 중요성. 일생일대의 기회

투자를 시작하면 누구나 한 번쯤 "집중할 것인가, 분산할 것인가"라는 영원한 딜레마에 부딪힌다. 이 고민에 대한 나의 답은 명확하다.

"확신이 있다면 크게 베팅하라."

엔비디아 같은 주식을 일생에서 몇 번이나 만날 수 있을까? 시장의 흐름과 산업의 방향성을 꿰뚫어 최고의 종목이라는 확신이 섰다면, 그때는 주저 없이 비중을 실어야 한다. 비중이 중요하다는 것은, 단순한 수익률 문제가 아니라 '기회를 알아보는 안목에 대한 보상'의 문제다.

집중투자와 분산투자. 그 영원한 딜레마

집중투자와 분산투자는 각자의 장단점이 뚜렷하다. 어느 쪽이 더 옳다고 단정할 수 없으며, 투자자의 성향과 시장 상황에 따라 최적의 방식이 달라진다.

구분	장점	단점
집중 투자	**초과수익 극대화** : 성공 시 복리의 폭발력이 상상을 초월한다. **관리의 효율성** : 소수 기업만 깊이 분석하고 이해할 수 있다.	**리스크 집중** : 한 종목의 실패가 계좌 전체에 치명타를 입힌다. **예측의 오만** : 시장 예측이 틀릴 경우 회복이 어렵다
분산 투자	**리스크 완화 효과** : 손실 상쇄를 통한 안정적인 방어 전략이다. **무지에 대한 겸손** : 미래 예측의 불확실성에 대비한다.	**관리의 비효율성** : 너무 많은 종목은 깊은 이해를 방해한다. **초과수익 제한** : 큰 수익률을 내기 어렵고, 성장률이 희석된다.

결국 자신의 성격에 맞는 투자가 제일이다. 리스크 관리를 중시한다면 분산투자, 초과수익을 더 중시한다면 집중투자가 나을 것이다. 다만, 나는 투자 초기에 테슬라, 엔비디아, 비야디(BYD) 3종목에 70%를 집중 투자하며 '확신에 베팅하는' 방식을 택했다. 최근에는 미래 모빌리티에 대한 확신으로 조비 에비에이션(Joby Aviation)의 비중을 늘리고 있다.

계좌 분리 원칙. 마음의 평화
투자를 하다 보면 단기적 변동성을 이용하려는 유혹을 떨치기 어렵다. 아무리 장기 투자자라도 시장이 급등락할 때마다 '잠깐 트레이딩 해볼까?' 하는 충동이 생긴다.

이러한 심리적 리스크를 관리하기 위해 나는 '장기 투자 계좌'와 '단기 트레이딩 계좌'를 분리하여 투자할 것을 권한다.

- **장기 계좌** : 엔비디아처럼 10년 이상 보유할 종목을 넣어두고, 시세 확인 자체를 최소화한다. 이는 '존버'가 아니라 '망각'의 영역이다.
- **단타 계좌** : 트레이딩 욕구를 해소하고, 시장의 감각을 유지하는 용도로 활용한다. 단, 이 계좌의 비중은 전체 자산의 5~10%를 넘지 않아야 한다.

주의할 점
해외 주식의 경우 여러 증권사별로 계좌를 분리하면 양도세 계산이 복잡해질 수 있다. 세금 정산의 효율성을 고려하여 계좌를 관리하는 것이 좋다.

계좌 분리는 결국 장기적으로 안정적인 투자를 이어나가기 위한 '심리 방화벽'을 세우는 작업이다.

6. 보유 원칙. 매도 이유가 없다면 최소 10년 보유하라

시장에 머물러야 하는 이유. 놓치면 끝이다

단기적인 시각으로 보면 스윙 투자가 더 많은 수익을 안겨줄 것 같지만, 장기적인 관점에서는 그냥 보유하는 것이 훨씬 더 많이 번다. 이 사실은 통계적으로도 명확히 증명된다.

주식 투자에서 가장 위험한 행동은 수익이 날 기회를 놓치고 시장을 떠나는 것이다.

역사적으로 S&P500의 수익률을 분석해 보면, 단지 '가장 수익률이 높았던 10일'을 놓쳤을 뿐인데도 전체 수익률이 절반 이하로 급격히 떨어진다. 예를 들어, 1만 달러를 S&P500에 20년간 투자할 경우 648%의 수익이 발생하지만, 놀랍게도 최고의 10일을 놓치면 수익률은 297%로, 최고의 40일을 놓치면 오히려 마이너스로 전환된다.

크리스토퍼 브라운(Christopher H. Browne) 역시 이 점을 강조했다. "주식투자로 얻는 수익률의 대부분은 진실로 단기간에 이뤄진다." 문제는 그 짧은 기간, 즉 주가가 큰 폭으로 오르는 시기를 정확히 예측해 타이밍을 맞추는 것이 거의 불가능하다는 것이다.

우리가 여기서 얻어야 할 두 가지 교훈은 명확하다.
- 첫째, 단기적으로 언제 주가가 오르거나 내릴지 예측하는 타이밍 전략은 효과가 없다.

- 둘째, 주식 시장에 거의 언제나 투자하고 있어야 주가가 가장 많이 오르는 시기를 놓치지 않고 최고의 수익률을 올릴 수 있다.

주식투자에서 이기기 위해서는 게임이 벌어지고 있는 시장에 항상 머물러 있어야 한다.

매도 원칙. 가격이 아닌 기준으로 대응하라

시장에 머무는 것만큼 중요한 것은 언제 팔아야 하는가에 대한 명확한 원칙이다. 워런 버핏은 묻는다. "당신이 10년 동안 주식을 보유할 생각이 없다면, 10분도 보유하지 마라."

나의 매도 원칙은 단순하다.

매수 시 수립한 매도 이유(투자 가설)가 생기지 않는다면 최소 10년 보유한다.
가격이 아니라 기준으로 대응한다. 매수를 통해 확신했던 기업의 펀더멘털이나 산업 방향성이 훼손되었을 때만 매도한다.

하지만 매수 후 계속 관찰하여, 물이 새는 배는 버리고 새 배로 갈아탄다. 투자 가설이 깨진 기업은 미련 없이 손절하고, 새로운 확신이 있는 튼튼한 배(기업)로 갈아타는 것이 맞다.

또한, 우리는 매수 후 자신의 결정이 옳다고 생각하는 확증 편향에 빠지기 쉽다. 이때는 이성적으로 기업의 상황을 객관적으로 점검해야 한다.

지속적인 점검과 자기 객관화

투자는 매수 버튼을 누르는 순간 끝이 아니라 시작이다. 우리는 다음의 질문을 끊임없이 던져야 한다.

언제나 오늘이 원금이다

이미 투자한 금액이 수익 구간에 있든 손실 구간에 있든, 오늘 시점의 가격을 원금으로 생각하고 앞으로의 성과를 객관적으로 예측하는 태도가 필요하다.

성장주 점검 시점

독점 기업이 아닌 성장주라면, CHAT GPT와 같은 AI 도구를 활용하여 두 분기 실적 발표 후 한 달 지난 시점에서 경쟁이 악화되지는 않았는지, 회사가 처음에 예상했던 대로 가고 있는지 점검해야 한다. 이는 텔라닥(Teladoc) 투자에서 얻은 교훈이다.

저점 매수 유혹 버리기

믿는 주식은 저점에 다시 매수하려는 생각 없이 그냥 계속 갖고 가는 것이 장기적으로 훨씬 이득이다.

자기 계발

시간이 나는 대로 이미 매수한 종목이 이상 없는지 살펴보고, 포트폴리오 조정이 필요한지 체크한다. 동시에 추가 매수할 종목을 계속 공부하고 거시 경제(매크로) 흐름을 놓치지 않도록 공부를 이어간다.

과거에 얽매이지 않기

지난 투자에 너무 아파하지 말자. 인생지사 새옹지마(塞翁之馬). 미래에 같은 실수를 반복하지 않으면 된다.

7. 매도 원칙. 언제, 어떻게 팔아야 하는가?

함부로 매도하지 마라

매도는 매수보다 훨씬 더 어렵고, 훨씬 더 많은 고민이 필요하다. 특히 오랫동안 수익이 나지 않던 종목이 겨우 수익 구간으로 돌아섰을 때, 우리는 서둘러 매도하려는 강한 유혹을 느낀다. 이때가 바로 가장 깊이 생각해야 할 순간이다.

오픈도어(Opendoor) 투자에서 배운 교훈은 이렇다. 단순한 기술적 반등이 아니라 확실한 재료(예: 레딧 언급)가 있어 상승한다면 길게 가져가야 한다. 다시 손실이 날 때까지는 팔지 않는다는 원칙을 지키는 것이 좋다. 만약 심리적 부담 때문에 팔아야 한다면, 목표 수익률에 도달한 주식은 일정 비율(예: 20~30%)만 팔고 나머지는 남겨두는 방법도 훌륭한 전략이다.

슈퍼마켓의 이치. 팔리는 물건을 더 놓아두라

투자자들은 종종 수익이 나는 종목은 빨리 팔아치우고, 손실이 나는 종목만 끌어안고 있는 실수를 저지른다. 이는 슈퍼마켓 주인이 잘 팔리는 물건은 금방 치워버리고, 안 팔리는 물건만 진열대에 놓아두는 것과 같다. 장사가 잘될 리 없다.

따라서 매도 기준은 수익률이 아니라 기업의 펀더멘털이 되어야 한다.
수익이 나는 것보다 손실이 나는 것을 매도해야 한다. 단, 손실 종목이 회복할 확신이 없거나 투자 가설이 깨졌을 때만 해당한다.

- **팔지 말아야 할 종목** : 투자 가설이 여전히 유효하고, 시장을 선도하는 100점짜리 아이디어를 가진 기업.
- **팔아야 할 종목** : 70점짜리 애매한 아이디어를 가진 기업.

블랙스톤(Blackstone)의 CEO 스티븐 슈워츠먼(Stephen Schwarzman)은 말한다. "70점짜리 아이디어와 100점짜리 아이디어에 쏟아붓는 노력은 정확히 똑같다. 어차피 당신 인생 전부를 걸고 희생한다면, 왜 고작 70점짜리에 만족하는가? 오직 100점 만점짜리 일만 해야 한다."

투자는 수십 번 성공해도 단 한 차례의 실패로 모든 것을 날릴 수 있다. 포트폴리오에 70점짜리가 있다면 아쉽더라도 버리고, 100점짜리 기회에만 집중해야 한다.

손절매 (Loss Cut)

손절매는 투자금 보호를 위한 보험과 같다. 감정이 아닌, 이성적인 기준에 따라 손절해야 한다.

- **일반적인 손절 기준** : 매수 가격에서 30% 하락 시 손절한다.
- **고성장주 손절 기준** : 변동성이 큰 고성장주는 50% 하락 시 손절한다. 성장 스토리가 깨지지 않았다면, 더 큰 변동성을 허용할 수 있다는 의미이다.
- **익절 손절매** : 수익이 난 후 고점에서 30% 하락하면 손절한다. 예를 들어 100원에 사서 300원이 되었을 때, 210원이 되면 매도하여 수익을 지킨다.

익절매
계속 마이너스였다가 겨우 수익권으로 올라왔을 때, 바로 전량 익절하기보다는 다음 단계를 고려해야 한다.

분할 익절
본전 비중만큼만 익절(매도)하여 심리적 안정감을 확보한다.

상승 이유 분석
주가가 상승한 이유를 철저히 분석하고, 투자 가설이 더욱 공고해졌다면 더 오래 버티는 것이 좋다. 큰 수익은 종목을 오래 보유함으로써 얻어진다.

매도 후 재매수 타이밍. 이기는 게임만 하라
금리 인상 시기는 매도할 타이밍이다. 금리 인상기에 시장 전체가 하락 추세에 들어섰다면, 전량 또는 상당량을 매도하고 기다려야 한다. 워런 버핏의 말처럼 "규칙 1은 돈을 잃지 않는 것이다." 이순신 장군처럼 이기는 게임만 해야 한다.

그리고 가장 중요한 것은 **재매수 타이밍**이다.
- **충분히 기다려라** : 최소 1년 이상 시장을 충분히 관찰하며 기다려야 한다.
- **추세 확인 후 매수** : 시장의 바닥을 예측하려 하지 말고, 추세 상승을 확인할 때까지 기다린 후에 매수해야 한다.
- **역사는 반복된다** : 2022년 테슬라가 440달러에서 100달러로, 엔비디아가 330달러에서 110달러로 폭락했던 시기가 있

었다. 이때 성급하게 '저점'이라고 생각하고 뛰어들었다가 추가 하락을 맞았다면 끔찍했을 것이다.

충분히 기다리는 인내심이야말로 매도 후 재매수 전략의 핵심이다.

부동산 전문가가 주식혐오를 극복하고

주식쌩초보
엔비디아·팔란티어로
2,100%
수익낸 투자여정기

제4부

심장이 멈출 것 같은 폭락장. 21배 수익의 비결은 '무식하게 버팀'이었다. 나의 실전 투자 이야기

심장이 멈출 것 같은 폭락장. 21배 수익의 비결은 '무식하게 버팀'이었다. 나의 실전 투자 이야기

1. 첫 매수 종목들. 경험 부족을 공부로 모두 메꾸기에는 한계가 있었다

나의 선택. 확신 있는 집중

나는 성격상 분산투자보다는 집중투자가 맞았다. 그래서 투자를 시작할 때부터 전체 자금의 70%를 단 세 종목, 테슬라, 엔비디아, 비야디(BYD)에 실었다.

이 세 기업은 모두 '인간의 삶을 바꾸는 혁신 기업'이라는 공통분모를 가졌다. 미래를 그리고, 기술로 문명을 재편하는 그들의 철학이 나의 투자 기준과 일치했다.

나머지 일부 자금으로는 ASML, 아마존, 구글, 니오(NIO), 모더나, AT&T, 아스트라제네카, 존슨앤존슨, 페이팔, 프로테라, 텔라닥 헬스, 도큐사인, 푸보TV 등 다양한 섹터의 종목들을 소량 매수했다.

중국 2차전지 기업 중에서는 리튬 1등 기업인 강봉리튬, 배터리 제조사 국헌하이테크, 소재업체 천사첨단신소재, 푸타이라이, 은첩, 저장화우코발트 등 밸류체인 전반에 걸쳐 분산했다.

하지만 그때는 몰랐다. 아무리 책과 데이터로 쌓은 지식이라도 시장의 감정과 시간의 무게를 완전히 대체할 수는 없다는 사실을.

나는 '공부를 많이 했으니 내 선택은 옳다'고 믿는 오만함에 빠져 있었다. 겸손하지 못했고, 주변에 함께 토론하며 조언을 구할 투자자조차 없었다. 돌이켜보면, 그것이 경험 부족이 만든 가장 큰 위험 요소였다.

엔비디아. 인내의 시간, 폭발의 순간

첫 번째 주력 종목인 엔비디아는 나에게 가장 긴 인내의 시간을 요구했다. 매수 후 10개월간 주가가 지루하게 횡보하며 '횡보디아'라는 별명이 붙었다. 답답함을 참지 못한 나는 물타기를 시작했지만, 곧 주가는 매수 평단가보다 30%나 더 떨어지는 시련을 겪었다. 그때의 별명은 '암비디아'였다. 그렇게 무려 1년6개월을 인내해야 했다.

하지만 시간이 흐르자 상황은 완전히 달라졌다. 엔비디아는 50달러, 70달러, 90달러를 차례로 돌파했고, 결국 지금의 200달러(액면분할 전 기준)에 이르렀다. 그 과정에서 올해만 해도 두 차례 40%에 달하는 깊은 조정을 겪었지만, 이 모든 조정은 결국 상승을 위한 숨 고르기일 뿐이었다.

테슬라와 비야디. 꾸준함의 미학

테슬라와 비야디는 엔비디아와는 조금 다른 경로를 걸었다. 초기에 잠시 하락 구간이 있었지만, 곧 꾸준히 상승과 하락을 반복하며 저점을 높여갔다. 특히 테슬라는 2022년까지 시장의 폭발적인 관심 속에 큰 걱정 없이 흘러갔다. 나는 단지 '믿음'을 가지고 지켜보기만 하면 되었다.

5년 후의 결과와 쓰라린 교훈

시간이 흘러 5년 후인 지금(2025년 10월 기준), 결과는 대성공이었다. 엔비디아는 수익률 2,100%를 기록하며 전체 포트폴리오의 55%를 차지하는 핵심 자산이 되었다. 테슬라는 280%, 비야디는 120% 상승했다.

지금 생각해보면 당시 경험이 전무한 초보자가 어떻게 위 세 종목을 고르고 큰 비중을 실었는지 스스로도 소름이 돋는다. 진짜 '공부의 힘'이 컸다는 것을 느낀다.

하지만 이 성공의 이면에는 쓰라린 교훈도 있었다. 기타 종목들에서의 엄청난 시행착오는 나에게 값진 성장을 안겨주었다. 테슬라의 비중이 주는 심리적 피로감 또한 관리해야 할 대상이었다.

결국 깨달았다.

"지식은 방향을 알려주지만, 경험은 속도를 조절해준다. 공부만으로는 시장의 모든 것을 완전히 읽을 수 없다. 투자는, 스스로의 부족함을 인정하는 데서 시작된다."

2. 나의 첫 텐베거(Tenbagger) 이야기. 비중의 중요성

나는 엔비디아, 테슬라, 비야디 외에 남은 돈으로 8개 소형성장주를 매수했다.

그중 앞으로 투자 여정에 큰 영향을 끼친 사건이 있어 소개한다.

그때 구독하던 유트브 채널이 있었다. 이름 그대로 "미국 주식에 미치다"이다. 진짜로 그 시절의 나는 미국 주식에 미쳐 있었다. 그 채널에서 바이오 종목 3개를 추천했다.

그중 하나를 선택해 45만원을 투자했다. 그게 끝이었다. 큰 기대도, 불안도 없이 그냥 흘러갔다. 그런데 몇 달 뒤, 놀라운 일이 일어났다. 그 종목이 인수합병되었다는 뉴스가 떴다.

주가가 열 배가 됐다. 정확히 '텐배거(10배 주식)'였다. 순간 손이 떨렸다. 기쁨보다 먼저 허무함과 아쉬움이 밀려왔다. '투자원금이 45만원이 아니라, 4500만 원이었더라면…' 계좌의 숫자가 커질수록 기분이 좋아야 했는데, 나는 오히려 속이 쓰렸다.

비슷한 일이 한 번 더 있었다. 이번엔 푸보TV였다. 이번에는 조금 더 비중을 실어 500만원을 투자했다. 그런데 디즈니가 인수한다는 소식이 터졌다. 주가는 폭등했고, 수익률은 합병 발표 직후 즉시 250%까지 치솟았다.

또다시 "아, 더 샀어야 했는데…" 하는 후회가 찾아왔다. 그 두 번의 경험은 나에게 비중의 힘을 가르쳐주었다.

그 뒤로 나는 확신이 있는 종목은 처음부터 앞으로 텐베거를 예상하고 초기에 후회하지 않을 금액을 매수하는 습관이 생겼다.

이제 나는 안다. 수익률이 아무리 높아도, 비중이 작으면 인생을 바꾸지 못한다는 것을. 주식은 수익률의 싸움이 아니라, 비중의 싸움이다.

다만 그 비중을 압도적으로 늘리면 뒤에서 테슬라 매도사례에서 보듯이 변동성에 휘둘려 버티기가 힘들어지므로, 자신이 감당할 정도의 비중을 실어야 할 것이다.

결국 "수익률이 깡패가 아니라, 수량이 깡패였다."

"확신이 있다면, 금액으로 증명하라. 작게 사면 작게 느끼고, 크게 사면 크게 배운다."

3. 엔비디아. 240% 수익 날리고 2,100%까지 버틴 이유

240% 수익 증발. 감정과의 싸움

처음 엔비디아를 매수하고 2년 만에 240%라는 믿기 힘든 수익을 기록했다. 일반인이 평생 벌기 힘든 금액이 눈앞에 있었기에, 매도의 유혹은 거대했다. 하지만 나는 '팔지 않고 10년을 버틴다'는 처음 세운 장기 투자 원칙에 따라 매도를 보류했다.

그 결단은 곧 참담한 현실로 돌아왔다. 시장의 깊은 조정과 함께 불과 10개월 만에 240%의 수익은 완전히 증발했고, 내 계좌는 다시 원점으로 복귀했다. 하루하루 수익이 깎여나가는 것을 지켜보는 고통은 이루 말할 수 없었다.

하지만 나는 기업에 대한 믿음이 있었기에, 감정에 휘둘려 손절하는 대신 '시장을 떠나는 것'을 선택했다. 계좌를 아예 열어보지도 않고, 주식 뉴스도 보지 않은 채 거의 10개월을 보냈다. 그것이 당시 내가 할 수 있는 최선의 방어였다.

버티는 힘의 근원. 공부와 그릇

엔비디아가 2025년도에만 40% 이상 하락하는 조정장을 두 번이나 겪었다는 사실은, 주식이 가격 조정과 시간 조정을 거치면서 성장한다는 진리를 온몸으로 체험하게 했다. 내가 2,100% 수익률을 끝까지 지켜낼 수 있었던 힘의 근원은 무엇이었을까?

물론 고정 월급, 부동산 투자 경험, 그리고 김승호 님의 『돈의 속성』을 통해 키운 '돈의 그릇'이 큰 영향을 미쳤다. 그릇이 작으면 100%만 올라도 팔게 되지만, 그릇이 커야 비로소 텐베거까지 도달할 수 있다.

하지만 그중에서도 가장 큰 힘은 **'공부의 힘'**이었다고 확신한다. 나는 엔비디아를 매수하기 전, 스스로 반도체 8대 공정과 밸류체인에 대해 약 80페이지 분량의 스터디 자료를 완성했다. 이 깊은 이해와 확신이 바로 만 5년을 팔지 않고 공포를 이겨낸 버팀목이었다. 해당 산업과 밸류체인을 이해하는 것, 그것이 종목 선택을 쉽게 하고, 궁극적으로 흔들림 없이 버티는 힘을 강하게 만드는 원동력이다.

4. 아파트를 팔고 주식시장에 들어가다. S&P500의 진짜 힘

월 333만 원짜리 '세입자 없는 부동산'
최근 한 지인이 오래된 아파트를 팔아 4억 원을 마련했다. 그는 내게 이 돈을 어디에 두는 게 좋을지 물었다.

나는 단 한 순간도 망설이지 않았다. "미국 S&P500 지수에 투자하세요."

그는 주식은 위험하다며 고개를 저었다. 그래서 나는 그의 투자를 아파트와 비교하며 설득하기 시작했다.

"그동안 아파트에서 월세가 얼마나 나왔죠?" "95만 원이요."
"하자보수는요? 월세 밀린 적은요?" "그야 가끔 있었죠."

나는 미소 지으며 말했다. "하자보수도 필요 없고, 월세도 밀리지 않으며, 매달 333만 원이 꼬박꼬박 들어오는 투자처가 있습니다. 바로 S&P500입니다."

세상에서 가장 안전한 '10% 이자 상품'
S&P500은 단순한 지수가 아니다. 미국을 대표하는 500대 기업, 즉 인류의 생산성과 기술 진보의 결정체가 모인 포트폴리오다. 애플, 마이크로소프트, 구글, 엔비디아, 아마존, 메타, 테슬라 등 혁신을 주도하는 기업들이 그 구성원이다.

이 기업들이 인류의 삶을 바꾸는 한, 이 지수는 결국 우상향할 수밖에 없다. 1957년 이후 S&P500의 연평균 수익률은 10~11%였다. 이는 70년의 데이터가 증명한 '자본주의의 복리선'이다.

4억 원을 투자하면 연 4천만 원, 즉 매달 약 333만 원(세전)의 수익이 발생한다. 게다가 세입자도, 하자보수도, 공실도 없다. 놀라운 점은 이 지수가 한국의 국가신용등급보다도, 심지어 미국 정부보다도 신용이 높다는 사실이다. 왜냐하면 이는 단일 국가가 아니라 세계 자본주의의 심장, 미국 기업의 총체적 힘이기 때문이다.

S&P500 지수를 추종하는 ETF 상품으로는 대표적으로 SPY와 VOO가 있다.

복리의 마법. 시장에 머무는 시간의 힘
S&P500 투자의 본질은 단기 수익이 아니라 복리의 시간이다. 10년간 꾸준히 적립하면 자산은 약 2배, 20년이면 6배 이상으로 불어난다. 복리는 '시간의 친구'이지만, '늦게 시작한 사람의 적'이다.

주식투자의 본질은 '언제 오를지 모르는 불확실성' 속에서도 꾸준히 쌓아가는 힘이다. 그 꾸준함을 가능하게 하는 최고의 방법이 바로 적립식 S&P500 투자다.
하락기에는 더 많은 주식을 저가에 사고, 상승기에는 자산이 불어나며, 인플레이션은 장기적으로 자산 가치를 끌어올린다. 즉, 시장의 변동성조차 나의 아군이 된다.

S&P500은 망하지 않는다

S&P500은 개별 기업의 운명과 다르다. 부진한 기업은 퇴출되고, 새로운 혁신 기업이 그 자리를 메운다. 즉, 우리는 개별 기업이 아니라, 미국 경제 전체의 진화 과정에 투자하는 셈이다.

기술, 헬스케어, 소비재, 금융, 에너지 등 다양한 산업군으로 구성되어 있어 특정 산업(나스닥)이나 소수 대형주(다우)의 리스크를 피해간다. S&P500 ETF는 리밸런싱되는 미국 경제 그 자체다. 이보다 더 안정적이고 효율적인 분산투자는 없다.

예측이 아니라 참여다

많은 사람들은 "지금은 고점이다"라며 망설인다. 그러나 부자가 되는 사람은 시장을 예측하는 사람이 아니라, 시장에서 꾸준히 머무는 사람이다.

S&P500 적립식 투자는 감정에 휘둘리지 않는다. 가격이 아니라 시간을 믿는 투자, 즉 가장 높은 확률의 게임이다.

결국 부의 비밀은 '뛰어난 선택'이 아니라 지속적인 실행이다. 공부하지 않아도, 차트를 보지 않아도 된다. 그저 매달 꾸준히 사고, 잊으면 된다. 10년 후, 당신의 통장에는 복리의 기적이 자리할 것이다. 게다가 환차익이라는 달콤한 보너스도 기대할 수 있다.

결국 그 지인은 내 말을 믿고, 생애 처음으로 미국 S&P500 ETF를 매수했다.

나는 마지막으로 워런 버핏의 유언을 인용했다. "내가 죽으면, 내 재산의 10%는 단기 국채에, 나머지 90%는 비용이 가장 낮은 S&P500 인덱스펀드에 투자하라."

그가 미소 지으며 말했다. "이제 저도 버핏처럼 하겠습니다." 그날, 한 사람의 인생이 복리의 길 위에 올라섰다.

개별주식 투자를 선호하는 이유

다만, 나는 S&P500의 안정성에도 불구하고 개별주식 투자를 선호한다. 종목만 잘 선정하면 수익률이 훨씬 높기 때문이다. 5년 만에 2,100% 수익을 낼 수도 있는 것이 개별주 투자다.

물론 하락할 수도 있지만, '인간의 삶을 바꾸는 세계 1등 기업' 주식을 사면 장기적으로 우상향한다. 개별주식 투자를 두려워할 필요는 없다.

5. 공포에 매수하라. 믿는 기업이라면. 크라우드스트라이크 매수 실패 사례

기계가 인간을 해킹하는 시대

영화 『분노의 질주: 더 익스트림 편』을 보면, 천재 해커 사이퍼가 뉴욕 도심의 자동차 수천 대를 원격 조종하는 장면이 나온다. 도로 위의 자동차들이 마치 좀비처럼 움직이며 도심을 마비시키는 그 장면은, 기술이 통제권을 넘어 인간을 지배할 수 있음을 상징적으로 보여준다.

또 다른 영화 『업그레이드』에서는 인공지능 칩 '스템(STEM)'을 이식받은 한 남자가 복수를 위해 초인적인 능력을 얻지만, 점차 AI의 명령에 지배당하며 스스로의 의지를 잃어간다. 이 영화는 화려한 액션 너머로 묻는다. "기계가 인간을 해킹하는 시대, 우리는 통제권을 지킬 수 있을까?"

이 두 영화는 나에게 하나의 깨달음을 주었다. 기술이 발전할수록 진짜 보안은 '기계를 막는 것'이 아니라 '기계에게 지배당하지 않는 것'이며, 사이버 보안은 앞으로 인류의 생존과 직결된 산업이 될 것이라는 확신이었다.

그래서 나는 사이버 보안 기업을 공부했고, 먼저 포티넷과 팔로알토네트웍스에 투자했다.

크라우드스트라이크. 공포에 매수하지 못한 후회

나는 보안 분야의 절대 강자, 크라우드스트라이크(CrowdStrike)를 관심 종목에 넣었다. 다만, 매수 원칙은 분명했다. RSI(상대강도지수)가 30 이하 (대형주는 40 이하)가 되면 매수한다는 것이다.

그런데 2024년 7월 18일, 전 세계를 뒤흔든 사건이 터졌다. 크라우드스트라이크의 '팔콘(Falcon)' 소프트웨어 업데이트 오류로 인해 전 세계 수만 개 기관의 윈도우 시스템이 블루스크린 상태에 빠지며 멈춰버린 것이다. 항공사, 병원, 금융기관, 클라우드 서버까지 멈춘 사상 최악의 보안 사고였다.

주가는 순식간에 폭락했다. 2024년 7월 12일에 398달러였던 주가는 2024년 8월 9일에 200달러까지 떨어졌다. 불과 한 달 사이 반 토막이 난 것이다.

그러나 나는 공포에 매수하지 못했다. "더 떨어질지 모른다"는 생각만 하며 바라보기만 했다. 그때 크라우드스트라이크의 RSI는 9였다. 매수 원칙을 그대로 적용했다면 지금쯤 2배 이상의 수익을 냈을 것이다. 2025년 10월 현재 주가는 527달러다.

당연히 나는 이때 주식을 매수했어야 했다. 그렇게 세월이 흐르고 결국 나는 지금도 사고 싶은 종목으로 바라만 보고 있다.

공포를 이기지 못한 대가
이 실패의 원인은 단 하나, 공포에 매수하지 못한 나 자신이었다.

믿는 기업이라면 위기 때 사야 한다. 그 위기가 '일시적 기술 실수'인지, '기업의 근본이 흔들리는 문제'인지만 구분하면 된다.

크라우드스트라이크의 사태는 명백히 일시적인 '오류'였을 뿐, 기업의 클라우드 기반 엔드포인트 보안이라는 핵심 경쟁력을 훼손하는 근본적인 문제는 아니었다.

하지만 나는 분석도 하지 않은 채, 단지 주가의 공포에 굴복한 것이다.

이후로 나는 두 가지를 철저히 지키고 있다.
매수 원칙(RSI 40 이하 매수)을 반드시 지킨다.
폭락의 원인을 직접 분석한다. (일시적인지, 근본적인 문제인지)

주식투자는 결국 나 자신과의 싸움이다. 공포 속에서 매수하고, 믿음 속에서 버티는 자만이 복리의 결실을 얻는다.

6. 모더나(소형주) vs 아스트라제네카(대형주)

코로나 백신 대결에서 얻은 교훈
나는 평소 테마주나 급등주에는 절대 투자하지 않는다는 원칙을 가지고 있다. 그러나 코로나 팬데믹이 시작된 후, 예외적으로 그 원칙을 한 번 접었다. 그 이유는 단순했다. 백신을 개발하는 기업은 인류의 생명을 구하고, 그 대가로 반드시 보상받을 것이라 생각했기 때문이다. 물론 이 판단에는 약간의 요행심도 섞여 있었지만, 인류의 삶을 바꾸는 기술과 산업에 투자한다는 점에서, 이는 나의 투자 철학과 크게 다르지 않았다.

고수익 고위험. 모더나의 폭발력
코로나 사태 이후 전 세계 수십 개 제약사가 백신 개발 경쟁에 뛰어들었다. 나는 나름대로 공부를 하고, 최종적으로 모더나와 아스트라제네카를 선택했다.

- **모더나** : 당시 신생 바이오 기업(소형 성장주)이었고, 백신 개발에 성공한다면 폭발적인 주가 상승이 예상되었다. 고수익 고위험의 성격이었다.
- **아스트라제네카** : 이미 검증된 글로벌 대형 제약사(대형주)였으며, 안정형 보험 투자의 성격이었다.

결과는 명확했다. 처음에는 모더나는 긴 하락과 횡보를 반복했고, 아스트라제네카는 별다른 상승 없이 안정적인 흐름을 보였다.

그러던 어느 날, 2020년 12월 18일, 미국 식품의약국(FDA)이 모더나 백신 긴급사용승인을 발표했다. 그날 이후 주가는 폭발적으로 상승했다. 2021년 8월에는 무려 497.49달러까지 치솟았다.

아스트라제네카도 같은 시기에 승인을 받았지만, 주가 반응은 상대적으로 미미했다.

내 계좌를 기준으로 보면, 모더나는 승인 시점 대비 약 500% 수익, 아스트라제네카는 약 40% 수익이었다. 예상대로 소형 성장주의 폭발력이 대형주의 안정성을 압도한 것이다.

익절의 시점과 불변의 진리

나는 백신 완성을 목표로 투자했기에, 두 종목 모두 목표 달성 후 미련 없이 익절했다. 이 경험을 통해 배운 점은 분명하다. 큰 수익은 소형 성장주에서 나온다. 그러나 동시에, 소형 성장주는 실패할 경우 손실 또한 치명적이다.

만약 모더나가 백신 개발에 실패했거나, 경쟁사보다 늦었다면, 아마 나는 90% 이상 손실을 보았을 것이다. 결국 주식투자는 위험을 감수한 자에게만 보상이 주어진다. 부자는 위험을 감수한 자들이다.

오늘날의 시장에도 같은 법칙은 흐른다. 2025년 현재, 양자컴퓨터 시장을 보라. 구글과 IBM 같은 대형주는 지지부진하지만, 아이온큐(IonQ) 같은 소형 성장주는 유동성의 파도 위에서 춤추고 있다.

모더나와 아스트라제네카의 백신 대결은 내게 한 가지 불변의 진리를 남겼다.

"위험을 두려워하는 자는 수익의 열매를 맛볼 수 없다." 단, 그 위험은 공부와 확신 위에 세워져야 한다.

7. 미국 금리인상기. 적자기업에 대한 나의 대응법

금리인상의 파도 앞에서

2022년 3월 16일, 미국 연방준비제도(Federal Reserve)는 기준금리를 0.25%포인트 인상해 0.25~0.50% 범위로 올렸다. 2018년 이후 첫 금리인상이었다.

물론 그 이전부터 연준은 시장 충격을 최소화하기 위해 꾸준히 시그널을 보내고 있었지만, 시장은 이미 불안에 떨고 있었다.

많은 투자 선배들은 "금리인상은 곧 주식시장 폭락"이라고 경고했고, 나 역시 깊은 고민에 빠졌다. "지금 다 팔아야 하나, 아니면 그냥 버텨야 하나."

나의 결단. 적자기업 매도. 우량기업 보유

나는 결국 이렇게 결론 내렸다. "아직 이익을 내지 못한 소형 적자 성장주는 전부 판다. 대신, 이미 검증된 우량주는 그대로 보유한다." 그 판단은 결과적으로 옳았다.

금리인상이 본격화되자, 내가 매도한 소형 성장주들은 평균 90% 가까이 폭락했다. 팔지 않았다면 정말 끔찍했을 것이다. 그러나 우량주들도 40~50% 가까이 하락했다. 결국 시장 전체가 흔들린 것이다.

그래서 나는 차라리 "아무것도 하지 않는 것"을 선택했다. 계좌를 닫고, 뉴스를 끄고, 오직 본업에만 몰두했다. 그렇게 금리인상의 파도를 지나보냈다.

다시 시장으로. 대바겐세일 기회

금리인상이 멈출 기미가 보이자 나는 천천히 시장으로 복귀했다. 이전의 현금화 덕분에 자금 여유가 있었고, 90% 이상 폭락한 기업들이 눈에 들어왔다.

그중에서 내가 평소 꾸준히 관찰하던 적자기업들, 즉 미래 성장성은 크지만 시장의 외면을 받은 종목들인 팔란티어, 조비에비에이션, 그랩, 유니티소프트웨어, 플러그파워, 텔라닥, 리사이클홀딩스(Li-Cycle Holdings Corp.)를 다시 매수했다.

나는 그것을 '위기'가 아니라 '대바겐세일'로 봤다.

극과 극의 수익률. 팔란티어의 대성공

매수 결과는 극명하게 갈렸다. 팔란티어(Palantir)는 25배나 상승했다. 나의 전체 포트폴리오 수익을 끌어올린 '대성공'작이다. 초보자가 이런 종목을 선택할 수 있었던 이유는 단 하나, 공부의 힘이다.

조비에비에이션(Joby Aviation)과 그랩(Grab)은 현재 모두 100% 이상의 수익을 내고 있다. 특히 초기에 투자했던 조비는 어느덧 약 300%의 수익을 내고 있으며, 이후 추가 매수한 물량도 100% 이상의 수익을 기록 중이다.

하지만 손실 종목도 있었다.
유니티(Unity Software)는 -35% 손절. 플러그파워(Plug Power)는 보유 중인데 -60% 손실. 텔라닥(Teladoc Health)은 -50%에 손절했다.

특히 리사이클홀딩스는 2025년 2월 26일, 뉴욕증권거래소(NYSE)에서 상장폐지되었다. 2번째 겪은 상장폐지라 아팠다.

하지만 손실 종목도 많았지만, 팔란티어의 폭발적인 상승이 모든 손실을 덮고도 남았다.

배운 점. 금리인상은 위기이자 기회
이 경험으로 나는 한 가지 확실한 교훈을 얻었다.
"금리인상기에는 적자기업이 가장 먼저, 그리고 가장 깊이 떨어진다."

따라서 금리인상이 시작되기 전에 적자기업은 미리 매도하고, 이후 90% 이상 조정이 온 뒤 다시 매수하는 것이 최선의 전략이다.

돌이켜보면 금리인상은 위기가 아니라, 확신을 가진 투자자에게 진정한 기회를 제공한 시기였다.

8. 추종 매수의 시작. 데이터센타, 전력주에 올라탄 날

가치투자에서 추세추종 병행

2024년 3월 26일, 나는 오랜 가치투자자에서 처음으로 추세추종 매수자로 변신했다. 그 전까지만 해도 나는 철저한 가치투자자였다. 기업의 내재가치, PER, FCF, ROE, 성장성 등을 꼼꼼히 분석하며 '싸게 사서 기다리는' 투자를 해왔다.

그러나 비중이 압도적으로 컸던 테슬라가 하루에도 수십 퍼센트씩 출렁이자, 그 변동성은 내 멘탈을 시험했다. 결국 2024년 3월 초순경, 나는 테슬라의 일정부분 매도하고 잠시 숨을 고르며 시장을 다시 바라보았다.

시장의 다음 물결. 전력(電力)

그 순간, 나는 이미 새로운 물결이 시작되고 있다는 사실을 깨달았다. 시장은 이미 다음 단계를 보고 있었다. 그동안 나는 엔비디아를 중심으로 반도체 산업만 공부했다.

하지만 시장은 그 너머, 데이터센터와 AI 인프라를 움직이는 '전력(電力)' 산업에 주목하고 있었다. 데이터센터, 냉각, UPS, 전력변환, 이 모든 것이 AI 시대의 '숨은 주인공'이었다.

나는 뒤늦게 그 흐름을 따라잡기 위해 결단을 내렸다. 이미 많은 전력 관련 종목이 단 1년 만에 3배, 5배씩 폭등해 있었지만, 추세는 여전히 살아 있었다.

처음으로 실행한 추세추종 매수

그래서 나는 비로소, 처음으로 '추세추종 매수'를 실행하기로 했다. 추세추종 매수 기법은 말 그대로 시장의 흐름을 예측하지 않고 따라가는 전략이다.

"싸게 사서 비쌀 때 판다"가 아니라, "오를 때 사고, 더 오르면 더 산다."

주가가 명확한 상승추세(Uptrend)에 진입했음을 확인한 뒤 매수하고, 그 추세가 꺾이기 전까지는 절대 팔지 않는 것이 핵심이다. 핵심은 '방향성'에 베팅하고, 예측하지 않는다는 점이다.

나는 다음과 같은 원칙을 세웠다. 긴 횡보 후 큰 거래량이 동반된 전고점 돌파 시 매수하고, 매수가 대비 5% 이상 하락 시 거짓 돌파로 간주하고 손절한다.

왜 추세추종이 필요한가?

미래는 아무도 모른다. 그렇다면 우리가 할 일은 확률이 높은 게임을 하는 것이다. 상승추세에서 사는 것이 하락추세에서 사는 것보다 언제나 유리한 선택이다. 저가 매수 전략은 겉보기에 현명해 보이지만, 장기간의 손실과 멘탈 붕괴를 동반한다. 반면 추세추종은 단순하다. 올라가는 주식을 사고, 떨어지면 자른다. 이 간단한 규율이 사람을 살린다.

윌리엄 오닐의 '컵 위의 손잡이(Cup with Handle)' 패턴은 바로 이런 추세추종의 대표적 기법이다.

뒤늦게 순풍에 올라탄 결과

내가 추세추종으로 매수를 선택한 종목은 콘스텔레이션에너지, 아리스타네트웍스, GE버노바, 버티브홀딩스, 이튼이다.

2024년 3월 26일부터 매수한 후 2025년 10월 22일 현재, 콘스텔레이션에너지는 100.60%, 아리스타네트웍스 107%, GE버노바 344%, 버티브홀딩스 125%, 이튼 23%의 수익률을 기록하고 있다. 약 1년반정도 기간에 실로 엄청난 수익이다.

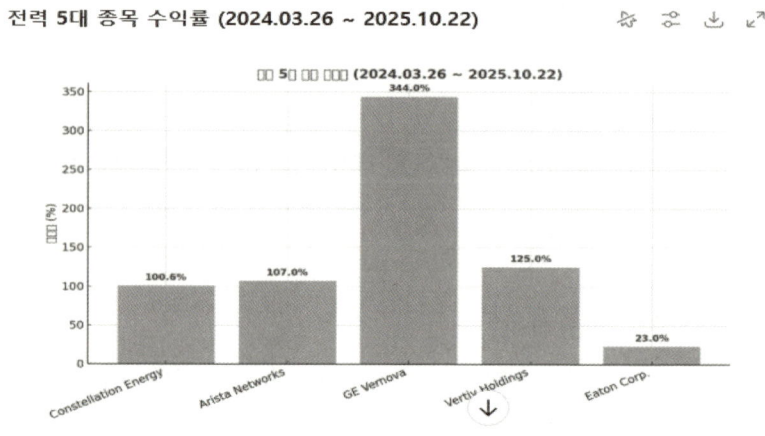

그중 GE버노바는 3배 이상 상승했다. 뒤늦게 탔지만, 정확히 순풍에 올라탄 결과였다.

가치와 추세는 대립하지 않는다

이번 경험으로 나는 확신하게 되었다.

"가치투자와 추세추종은 대립하지 않는다. 방향은 추세로 잡고, 확신은 가치로 다진다."

시장은 언제나 변화한다. 가치는 기초를 세우고, 추세는 그 위에 바람을 단다. 결국 주식투자는 순풍을 탈 줄 아는 사람의 게임이다.

"시장은 늘 앞서간다. 늦게 깨달아도 괜찮다. 중요한 건, '지금이라도 올라탈 용기'다."

9. 돈은 누구를 만나느냐에 따라 벌기도 하고 잃기도 한다. 'GE버노바' 매수 이야기

한 동생의 통찰. 그리고 GE버노바

나는 '트레바리'라는 독서모임을 통해 한 명의 특별한 동생을 만났다. 그는 미국에서 게임회사를 운영하며, 지식과 통찰을 겸비한 정말 멋있는 사람이었다.

어느 날 그는 나에게 자신이 읽은 책 한 권을 소개했다. "그레천 바크(Gretchen Bakke)"가 쓴 《그리드(The Grid): 기후 위기 시대, 제2의 전기 인프라 혁명이 온다》였다.

그는 진지하게 말했다. "형님, 앞으로 전기 인프라의 대전환이 옵니다. 이 책의 주제 그대로 '제2의 전기 혁명'이 시작됩니다. 그리고 그 중심에 설 기업이 바로 GE버노바(GE Vernova)입니다."

그때는 GE가 에너지 사업부문을 분사해 새로운 회사로 상장하기 직전이었다. 그는 GE버노바가 발전·풍력·전력 전환 등 GE의 핵심 에너지 기술을 모두 통합한 회사가 될 것이라며, 반드시 주목해야 한다고 조언했다.

가슴이 뛰는 확신

나는 호기심이 생겨 공부를 시작했다. 알고 보니 GE버노바는 가스·증기 터빈, 풍력 터빈, 전력 변환 및 전력망 솔루션 등 '전기를 생산·변환·저장·전달하는 전력 인프라의 전 과정'을 아우르는 종합 에너지 기업이었다.

가슴이 뛰었다. 만약 그 동생을 만나지 않았다면, 이 회사를 발견하지 못했을 것이다. 나는 그의 인품과 통찰을 믿었고, 공부할수록 확신이 깊어졌다.

2024년 3월 27일, GE버노바가 뉴욕증권거래소(NYSE)에 상장되자, 나는 몇 차례에 걸쳐 매수하여 최종 평균 단가 139.15달러로 200주를 보유하게 되었다.

그리고 1년 6개월이 지난 2025년 10월 현재, 주가는 346.54% 상승했다. 수익금은 무려 1억 3천만 원이 넘는다. 나는 앞으로 이 주식은 더 엄청나게 상승할 것임을 믿는다.

수익 이상의 가치. 투자 철학의 변화
더 중요한 것이 있다. 이 이야기의 진짜 가치는 GE버노바만의 수익이 아니다. 그 동생을 통해 나는 전기의 중요성을 다시 깨달았고, 그동안 고집하던 '가치투자 원칙'에 추세추종의 개념을 더하게 되었다.

그 후 나는 GE버노바를 시작으로 새로운 투자 관점을 적용해 데이터센타와 전력 관련 4종목을 더 매수했고, 그 평균 수익률은 모두 100%를 넘었다. 그중 하나가 바로 앞서 소개한 '컨스텔레이션 에너지(Constellation Energy)'다.

나는 이 책에서 개별 종목의 수익금액을 공개하지 않았지만, 이번 만큼은 '좋은 사람을 만나는 힘'을 보여주기 위해 예외를 두었다. 그 한 번의 만남이 1년 반 만에 3,500만원을 투자하여 1억3천만 원의 수익(다른 종목을 합하면 훨씬 많다)을 안겨주었을 뿐 아니라, 내 투자 철학의 방향까지 바꾸어 놓았기 때문이다.

부자의 지름길. 결국은 사람이다
나는 확신한다. "부자가 되려면 먼저 좋은 사람을 만나야 한다."

내 재산 형성의 결정적 순간마다 나는 언제나 탁월한 사람들을 만났다. 지금도 나는 좋은 사람, 실력 있는 사람을 만나기 위해 끊임없이 움직인다. 주식 모임에도 적극적으로 참여하고, 글을 잘 쓰는 블로거나 통찰력 있는 유튜버를 발견하면 직접 연락을 취한다.

돈은 단순히 시장 속에서 버는 것이 아니다. 돈은 결국 사람을 통해 온다. 좋은 사람을 알아보고, 배우고, 가까이하는 것, 그것이 부자가 되는 가장 빠른 길이다.

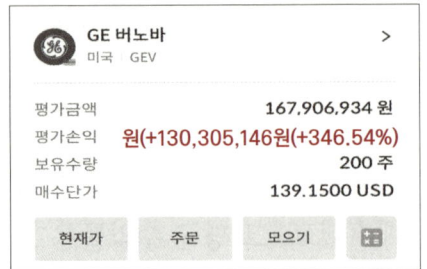
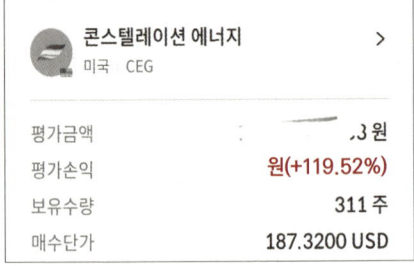

10. 마이너스 90%에 손절한 이야기. 믿음이 부족했던 2차전지 투자

공부의 시작. 섹터를 정하고 깊이 파고들다
나는 주식투자에 앞서 먼저 투자 섹터를 정하는 사람이다. 막연히 유행을 따라가기보다는, 내가 깊이 이해할 수 있는 산업에만 투자하고자 했다. 그렇게 선택한 세 가지 축이 바로 이차전지·전기차·반도체였다.

그중에서도 나를 가장 아프게 한 건 2차전지였다. 투자 전, 나는 공부에 매달렸다. 학술세미나에 참석하고, 논문을 읽고, 리튬의 중요성과 양극재·음극재·분리막·전해질의 구조를 하나하나 정리했다. 그 결과 60페이지에 달하는 나만의 2차전지 공부노트를 완성했다. 준비는 완벽했다. 문제는 방향이었다.

중국 선택의 이유. 합리적이지만 치명적인 판단
나는 한국이 아니라 중국 2차전지 기업을 선택했다. 이유는 명확했다. 2020년 기준 한국의 배터리 소재 국산화율이 14%에 불과했기 때문이다. 배터리 4대 핵심 소재의 해외 의존도는 평균 63.9%였다.

나는 "소재 주도권은 중국에 있다"고 확신했고, '소재=중국'이라는 논리로 투자를 단행했다. 그래서 매수한 종목들이 리튬 1등 기업 강봉리튬, 배터리 제조사 국헌하이테크, 소재업체 천사첨단신소재, 푸타이라이, 은첩, 저장화우코발트였다.

처음 몇 달간은 모든 종목이 오르며 나를 행복하게 했다. 그러나 그 행복은 오래가지 않았다.

폭락과 손절. -90%의 눈물

상승은 거품이었고, 거품은 곧 꺼졌다. 불과 4년 만에 평균 -90% 손실. 나는 결국 눈물의 손절을 단행했다. 이차전지 산업의 미래는 여전히 밝지만, 그보다 더 좋아 보이는 중국 반도체기업에 투자하기 위해서였다.

그때의 나는 산업 '사이클'이라는 개념을 몰랐다. 좋은 산업에도 업황의 파도는 존재한다는 사실을 간과했다. 리튬 가격은 이미 고점을 찍고 하락 중이었고, 2020~2021년의 이차전지 관련주는 "미래 성장성"이라는 이름 아래 지나치게 고평가된 상태였다.

나는 초보자였다. 그래서 시장의 꼭대기에서, 가장 비쌀 때, "미래는 밝다"는 확신만으로 매수했다. 결국, 한국 주식으로 비유하자면 에코프로를 150만 원에 매수한 바보가 된 셈이었다.

배운 점. 아무리 좋은 회사라도, 타이밍은 존재한다

그때 깨달았다. 아무리 좋은 회사라도, 주식은 '언제 사느냐'가 절대적으로 중요하다. 좋은 산업도 나쁜 타이밍에 사면 재앙이 된다.

그래서 나는 지금은 매수 전에 반드시 그 섹터의 산업 사이클과 매크로 환경을 먼저 본다. 리튬 가격, 전기차 수요, 글로벌 정책 방향을 종합적으로 판단한다.

그리고 기술적 지표 하나를 원칙으로 삼았다.
"RSI가 30 이하일 때만 매수한다." 즉, 시장의 과매도 구간에서만 진입하는 것이다. 단, 추세추종 전략을 쓸 때는 예외다. 이 경우엔 RSI 조건을 무시하고, 돌파 신호가 확인될 때 매수한다.

겸손과 기다림의 가치

나는 이 경험을 통해 한 가지를 절실히 배웠다. "미래를 믿되, 현재의 가격을 의심하라." 공부는 중요하다. 그러나 공부보다 더 중요한 건 '타이밍과 겸손'이다.

이제 나는 다시 이차전지에 진입할 것이다. 하지만 이번엔 산업의 순환을 읽고, 시장이 나에게 "이제 들어와도 된다"는 신호를 줄 때 들어갈 것이다. 이차전지는 전기차뿐 아니라 ESS(에너지저장장치), 로봇, 드론, 선박 등 모든 산업의 핵심 에너지 솔루션이 될 것이다.

그 미래는 여전히 눈부시다. 다만, 나는 이제 그 미래를 조급함이 아닌 인내로 맞이할 준비가 되어 있다.

"시장은 언제나 훌륭한 교사다. 단, 그 수업료는 비쌀 뿐이다. 나는 2차전지 투자로 −90%를 잃었지만, '섹터 사이클'과 '겸손'이라는 두 가지 자산을 얻었다."

2차전지는 더 이상 단순한 부품이 아니다. 이는 탄소 중립 시대의 도래와 첨단 기술의 발전을 가능하게 하는 전략적 핵심 인프라다.

가장 중요한 역할은 전기차(EV) 혁명의 심장 역할을 한다는 점이다. 배터리 성능이 차량의 모든 경쟁력을 좌우하며, 이는 곧 미래 모빌리티 시장의 패권을 결정짓는다.

또한, 태양광이나 풍력 같은 신재생 에너지의 간헐성을 해소하는 에너지 저장 시스템(ESS)의 필수 요소로서, 전력망의 안정성과 효율성을 극대화한다.

2차전지 기술은 소재 과학, 화학 공학 등 고도의 기술이 융합된 고부가가치 산업이며, 안정적인 배터리 공급망 확보는 이제 국가 경제 안보와 직결된 문제가 되었다.

결국, 2차전지 산업은 친환경 에너지 전환과 인공지능, 로봇, UAM 등 모든 첨단 산업의 발전 속도를 결정짓는 핵심 동력이므로, 그 전략적 중요성은 시간이 갈수록 더욱 커지고 있다.

11. 확증편향이 낳은 참사. 프로테라 상장폐지와 지인을 잃은 경험

전기차 확산에 대한 확증편향
나의 종목 선정 원칙은 단 하나다. "인간의 삶을 바꾸는, 세계 1등 기업에 투자하라." 그래서 내가 처음으로 매수한 주식은 당연히 테슬라였다. 2020년 9월, 주식투자를 시작하며 나는 테슬라를 가장 먼저, 그리고 가장 많이 샀다. 그때 나는 자타공인 '테슬람'이었다.

시간이 지나면서 나는 전기차 산업을 깊이 공부했다. 그런데 공부를 하면 할수록, '전기차 대중화는 필연이다'라는 확신이 오히려 더 강해졌다. 그 확신은 합리적 분석이 아니라, 확증편향으로 변질되었다. 내 생각과 맞는 정보만 받아들이고, 불편한 근거는 무시하는 전형적인 오류였다. 그 결과, 나는 테슬라 외에도 다른 전기차 기업에도 투자해야겠다는 욕심이 생겼다.

그 무렵 등장한 기업이 바로 프로테라(Proterra)였다.

한 줄의 댓글이 만든 재앙
프로테라는 2021년 6월 15일, SPAC 합병을 통해 나스닥에 상장했다. 그때 나는 한 젊은 유튜버의 영상을 거의 매일 시청하며 그가 소개하는 종목을 참고하고 있었다.

그 유튜버가 프로테라를 연이어 다루기 시작했고, 어느 날 나는 영상의 댓글 한 줄을 보고 모든 판단이 흔들렸다.

"작년 3월 이후 500% 수익을 프로테라에 몰빵합니다." "지금은 말 못하지만, 상장 후 100달러 이상 갑니다."

그 댓글을 보는 순간, 나는 마치 미래를 본 듯한 착각에 빠졌다. 이성을 잃고, 프로테라 주식을 큰 비중으로 매수했다.

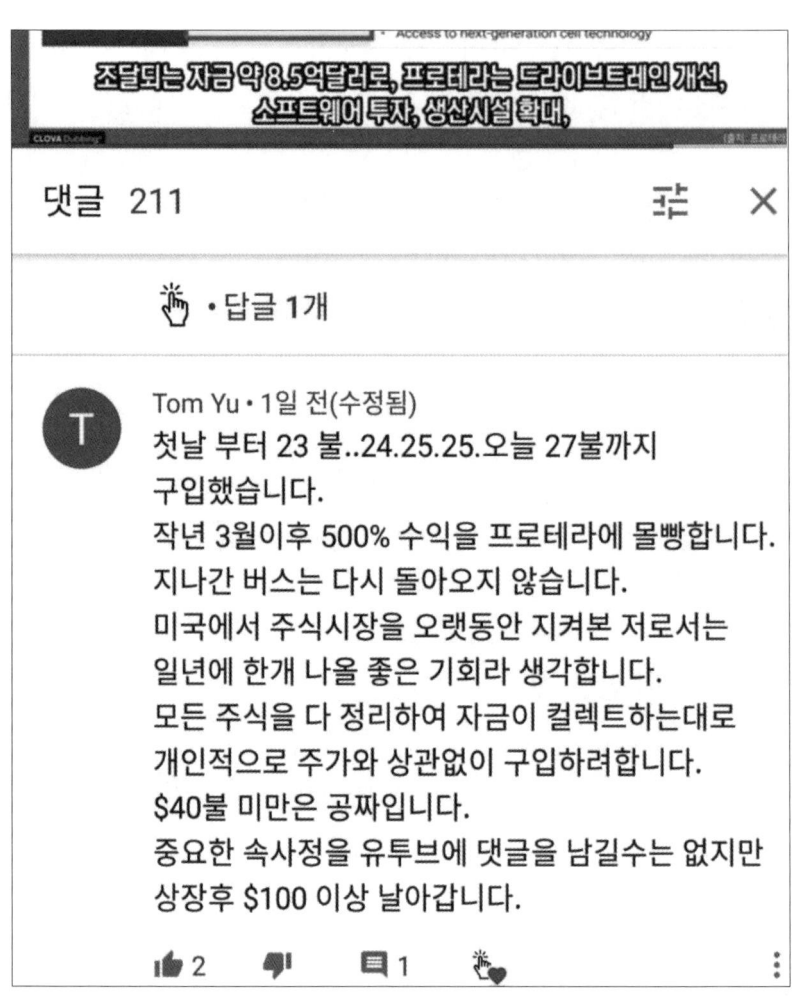

무시했던 경고의 목소리
그날 댓글에는 경고하는 글도 분명히 있었다. 나는 그것을 읽고도 의식적으로 외면했다.

"프로테라 빠들아, 한 가지만 묻자. 그래, 니들 말대로 북미 전기버스 시장을 다 먹는다고 치자. 그럼 1년에 버스를 몇 대 팔 건데?"

지금 생각하면, 이 한 문장이 모든 위험을 설명해주고 있었다. 하지만 나는 이미 확증편향에 빠져 있었다. 내가 정한 원칙 '세계 1등 기업만 산다'를 스스로 깼다. 테슬라로 충분했음에도, 욕심과 자만이 나를 스타트업 투자의 함정으로 이끌었다.

가장 아픈 손실. 지인을 잃다
더 큰 문제는 그뿐이 아니었다. 나는 지인 두 명에게도 프로테라 투자를 권유했다. 그들은 내 말을 믿고 함께 매수했다. 그러나 2023년 8월, 프로테라는 파산보호를 신청했고 나스닥에서 상장폐지되었다.

지금 그 두 사람은 나와 연락이 닿지 않는다. 주식보다 더 큰 손실이었다.
"돈보다 더 무서운 손실은, 신뢰를 잃는 것이다."

확증편향이 남긴 교훈
프로테라 상폐는 내 인생 첫 상폐 경험이었다. 처음 당해보는 충격은 말로 다 할 수 없었다. 하지만 동시에, 그 실패는 나를 단단하게 만들었다. 나는 다시는 스스로 정한 투자 원칙을 깨지 않기로 다짐했다. 그리고 지금도 그 다짐을 지키고 있다.

"투자의 가장 큰 적은 시장이 아니라, 확증편향에 빠진 나 자신이다."

12. 본전 심리. 반도체 제왕(TSMC)을 팔게 하다

나의 포트폴리오에서 가장 큰 비중은 단연 반도체다. 나는 반도체를 사랑한다. 그 중에서도 넘사벽이라 부를 만한 기업 세 곳은 ASML, TSMC, 엔비디아다.

엔비디아는 말이 필요 없는 세계 1등 기업이다. ASML은 자녀에게 상속할 주식이다. 그리고 오늘은 내가 직접 겪은 TSMC 이야기를 하려 한다.

TSMC(Taiwan Semiconductor Manufacturing Company)는 1987년 모리스 창(Morris Chang)이 설립한, 세계 최대의 반도체 파운드리(위탁생산) 기업이다. 2025년 현재 전 세계 파운드리 시장의 60% 이상을 점유하고 있으며, 애플·엔비디아·AMD·퀄컴 등 세계 주요 반도체 기업이 모두 TSMC의 고객이다.

TSMC의 경쟁력은 단순한 기술이 아니다. 세계 최고 수준의 수율(생산 효율), EUV 장비(ASML)를 가장 잘 다루는 능력, '어느 고객의 설계도 새지 않는다'는 철통 보안 신뢰, 연간 수십조 원에 달하는 막대한 설비투자 능력, 이 네 가지가 결합되어 TSMC는 사실상 '반도체 산업의 심장'이 되었다.

본전 심리. 가장 교묘한 적

나는 이런 회사를 '장기 보유 1순위'로 정하고 2022년 4월, TSMC

를 100달러에 매수했다. 그러나 그 뒤로 주가는 끝없이 하락했다. 같은 해 11월에는 59달러까지 떨어졌다. 세계 최고의 기업이 반토막이 나는 모습을 보는 건 쉽지 않은 일이다.

물론 2022년은 미국 금리인상기였지만, TSMC는 대만기업이니 상대적으로 영향이 적을 거라 생각했다. 그 판단은 틀렸다.

그런데 2024년 3월, TSMC는 140달러까지 반등했다. 그때 나의 마음속에서 '본전 심리'가 작동했다. 오랜 시간 마이너스를 견디며 기다리다가 드디어 본전 근처가 되면, "이제라도 팔아서 마음 편히 쉬자"는 생각이 고개를 드는 것이다.

나는 결국 그 유혹을 이기지 못했다. 140달러 부근에서 TSMC를 전량 매도했다.
그리고 지금, 2025년 10월 24일 TSMC의 주가는 293달러다.

돌아보면, 하락했던 기업이 다시 상승한다는 건 그 안에 명확한 이유와 모멘텀이 있다는 뜻이다. 그 상승 흐름은 대부분 더 오래 지속된다. 하지만 나는 그걸 믿지 못했다. 아직 초보자였고, 결국 본전심리에 굴복했다.

피터 린치는 이렇게 말했다. "꽃을 뽑아버리고, 잡초에 물을 주는 실수를 하지 말라." 나는 정확히 그 실수를 했다.

가장 좋은 주식을, 가장 나쁜 이유로 팔았다. 이제 나는 다짐한다.

'본전 심리'라는 단어를 내 투자 인생의 사전에서 지워버리겠다. 다시는 같은 실수를 반복하지 않기 위해서다.

"본전은 가격이 아니라 마음의 감옥이다. 진짜 투자자는 그 감옥의 문을 스스로 열 수 있어야 한다."

13. 경험 부족의 대가. 이항 500% 수익을 250%에 판 실수

공매도를 처음 맞이한 날

나는 엔비디아, 테슬라, 비야디라는 세 종목을 주력으로 투자하고 있었다. 그리고 남은 일부 자금으로는 비교적 공격적인 투자를 시도했다. 그중 하나가 바로 중국의 이항(EHang) 이었다.

이항은 조비에비에이션과 같은 UAM(도심항공교통) 분야의 선도 기업이다. 하늘을 나는 택시를 상용화하려는 꿈을 가진 회사였다. 중국 기업이지만 2019년 12월, 미국 나스닥(NASDAQ)에 ADR 형태로 상장했다.

상장 초기에는 공모가를 밑돌았으나, 2020년 10월부터 상승을 시작해 2021년 2월에는 무려 129.8달러까지 치솟았다. 나는 이미 조비에비에이션을 통해 UAM 산업의 미래를 믿고 있었기에, 이항을 저렴할 때 매수했다.

결과는 놀라웠다. 공매도 보고서가 나오기 전, 수익률이 500%에 달했다. 그러나 평온은 오래가지 않았다.

공포에 매도하다

2023년 11월 7일, 힌덴버그 리서치(Hindenburg Research)가 이항에 대한 공매도 보고서를 발표했다. 보고서의 핵심은 이랬다. "EHang의 선주문 장부(order book)는 실체가 의심된다. 초기 매출과 계약은 과장됐으며, 실제 운영으로 이어졌다는 증거가 없다."

보고서가 공개되자 주가는 순식간에 반토막이 났다. 나는 당황했다. 공매도 공격을 처음 경험한 나는, 공포에 휩싸여 즉시 전량 매도를 해버렸다.

결국 500%의 수익이 250%로 줄어든 채 포지션을 정리한 것이다.

그런데, 그 다음날 이항의 주가는 30% 급등했다. 너무 빨랐다. 나는 공포에 팔고, 다음날 웃는 시장을 바라봐야 했다. 그날 이후, 나는 경험이 부족했다는 사실을 뼈저리게 깨달았다.

공매도 보고서가 나왔을 때의 교훈

이항 사례를 계기로 나는 배웠다. 미국 시장에서 공매도 보고서가 발표되면, 주가는 폭락하지만 이후 일정 부분 반등한다. 대표적인 예로 EHang, Nikola, DraftKings, Adani Group 등이 있다.

단기 공포에 휩쓸리면 결국 세력의 먹잇감이 된다. 공매도 보고서는 대부분 "공격적인 문장 + 부분적 사실 + 과장된 해석"으로 구성된다.

시장은 즉각 반응하지만, 시간이 지나면 진실이 드러나면서 주가가 회복되는 경우가 많다. **따라서 첫 1~3일은 절대 감정적으로 매도하지 말아야 한다.** 회사의 공식 반박, 언론의 검증, 회계감사 자료가 나오기 전까지는 판단을 유보하는 것이 최선이다. 이때 팔면, 공매도 세력의 이익 실현을 도와주는 꼴이 된다."

또한, 공매도의 핵심 논점이 사업모델의 한계 때문인지, 회계부정이나 사기 때문인지를 명확히 구분해야 한다. 허위 매출이나 조작이 사실이라면 위험하지만, 단지 "시장 과열"이나 "밸류에이션 과다"라면 그건 오히려 매수 기회일 수도 있다.

대부분의 공매도 충격은 3~6개월 내에 반등하거나, 반대로 다시 폭락한다. 그래서 무턱대고 물타기(추가매수) 하는 것은 금물이다. 확신이 생기고, 리스크가 해소된 뒤에 천천히 다시 들어가야 한다.

가장 값진 투자 철학

이항 투자로 나는 큰돈을 벌었지만, 더 큰 교훈을 얻었다. 경험 없는 확신은 공포 앞에서 무너진다. 그리고 시장은 언제나 두려움이 극대화될 때 가장 비합리적인 결정을 유도한다.

이제 나는 공매도 보고서가 나와도 일단은 매도하지 않는다. 먼저 판단을 멈추고, 정보를 모은다. 그리고 시간이 진실을 드러낼 때까지 조용히 기다린다.

그것이 내가 이항에서 배운 가장 값진 투자 철학이다.

14. 테슬라 3배 레버리지 장기투자로 망한 이야기 (레버리지 금지 원칙 강조)

욕심이 부른 참사

나는 한때 테슬람이었다. 이 기업의 미래를 굳게 믿었다. 그런데 그 믿음이 어느 순간 욕심으로 변했다.

테슬라 주가가 270달러일 때, 나는 "더 빨리 부자가 되고 싶다"는 마음으로 3배 레버리지 ETF를 매수했다. 그리고 약 2년간 그대로 방치했다. 좋은 말로 표현하면 장기투자를 했다.

그 결과, 2025년 10월 27일 현재 제1계좌는 -98.06%, 제2계좌는 -97.75%이다. 손실금액은 제1계좌가 35,798,515원, 제2계좌가 5,851,457원에 달한다.

나는 2025년 10월 27일, 테슬라 3배 레버리지 ETF, 소위 '삼슬라'를 전량 매도하며 손실을 확정했다.

누군가 말했다. "호랑이는 죽어서 가죽을 남긴다"고. 삼슬라는 죽어서 나에게 교훈을 남겼다. 그리고 나는, 돈을 남기지 못했다.

2년 전 테슬라 본주가 270달러일 때 투자했지만, 지금은 452.42달러. 본주는 67%나 올랐지만, 레버리지는 -98%로 녹아내렸다.

그사이 나는 '레버리지는 절대 장기투자용이 아니다'라는 교훈을 붙잡기 위해, 마이너스 98%라는 지옥의 숫자를 견디며 보유를 이어왔다.

그러나 오늘, 나는 삼슬라를 손절했다. 이유는 단 하나 손실을 확정하여 양도소득세를 줄이기 위해서였다. 연말에 손절해도 되지만, 혹시 그 전에 상장폐지라도 된다면 기록조차 남기기 어려울 것 같았다. 그래서 조용히, 그러나 단호히 매도 버튼을 눌렀다.

왜 이렇게 된 걸까. '변동성 끌림(Volatility Drag)'의 함정

테슬라 같은 성장주는 단기적으로 요동치면서 장기적으로 상승한다. 즉, "오르고 내리는" 과정을 반복한다.

그런데 3배 레버리지 ETF는 그 '오르내림'을 매일 3배씩 확대한다. 문제는 바로 여기서 발생한다. 하락할 때는 손실이 3배로 커지고, 다시 회복할 때는 이미 기준가격이 낮아진 상태에서 계산되므로 복원력이 급격히 떨어진다. 이 현상을 'Volatility Drag(변동성 손실)'이라고 부른다.

즉, 테슬라가 장기적으로 상승해도, 그 과정이 울퉁불퉁할수록 레버리지 ETF의 수익률은 빠르게 증발한다. 거기에다 운용사가 매일 리밸런싱하며 수수료와 파생비용을 떼 간다. 결국 시간이 지날수록 ETF는 녹아내릴 수밖에 없는 구조다.

불타는 칼을 다시 쥐지 않겠다

2배, 3배 종목 레버리지는 단기 승부용이다. 장기 투자용이 절대 아니다. 매일 리셋되는 3배 종목 ETF는 불타는 칼과 같다.

처음 잡을 때는 화려하고 짜릿하지만, 시간이 지날수록 손을 데이게 마련이다.

나는 장기투자자다. 기업의 내재가치와 성장궤도를 믿고, 시간을 내 편으로 만드는 투자자다. 그렇기에 다시는 종목 3배 레버리지 상품에는 손대지 않는다.

이번 경험은 내 투자 인생에서 값비싼 수업료였다.

그리고 나는 그 대가를 기꺼이 공개한다. 다시는 나와 같은 실수를 하는 투자자가 없기를 바라는 마음에서다. 레버리지 투자는 반드시 단타로 하여야 한다.

"3배 레버리지는 자만과 탐욕이 손을 잡을 때 생긴다. 오랜 시간 시장에 남고 싶다면, 불타는 칼이 아니라 단단한 방패를 선택하라."

15. 테슬라 멘탈이 나가 일부 매도한 이야기. 비중의 양면성

나는 주식투자를 시작할 때부터 스스로를 '테슬람'이라 불렀다. 테슬라의 미래를 믿었고, 실제로 테슬라 비중이 전체 투자금의 37%에 달했다. 그만큼 확신이 컸다.

2020년 9월 처음 테슬라를 매수한 뒤, 2021년에는 내가 정한 목표 수량을 모두 채웠다. 그리고 그 이후로는 한 주도 팔지 않은 채 묵묵히 보유했다.

테슬라는 언제나 드라마틱한 주식이었다. 하루에도 5~10%씩 출렁이는 변동성,
뉴스 하나에 하늘로 치솟거나 바닥을 뚫는 가격. 그런데도 나는 2025년 3월까지 꿋꿋이 버텼다.

그러나 결국 나를 무너뜨린 건 '가격'이 아니라 '비중'이었다. 수익을 결정짓는 건 종목의 수익률보다 비중이다. 하지만 비중이 클수록 그 무게는 멘탈을 짓누른다.

테슬라가 오를 땐 계좌가 폭발적으로 늘어났지만, 내릴 땐 하루아침에 몇 달치 수익이 증발했다.

어느 순간 나는 차트를 보며 '수익'보다 '불안'을 더 크게 느끼기 시작했다. 결국 나는 180달러 부근에서 테슬라 보유분의 75%를 매

도하고 25%만 남겼다.

그런데 그것이 바닥이었다. 그 이후 테슬라는 미친 듯이 상승했고, 2025년 10월 현재 450달러에 이르렀다. 남은 25%는 여전히 보유 중이다.

신기하게도 비중이 줄어드니 마음이 훨씬 편하다. 이제는 주가가 출렁여도 예전처럼 흔들리지 않는다. 비중이 멘탈의 평화를 결정한다는 걸 그제야 깨달았다.

물론 위안도 있었다. 테슬라를 판 자금으로, 그동안 해보지 않았던 추세추종 매매를 시도했다. 그리고 뜻밖에도 좋은 수익을 얻었다. 손해가 새로운 시도를 낳은 셈이다.

이 경험은 내게 이렇게 말해주었다.
"비중은 수익의 크기를 결정하지만, 동시에 멘탈의 한계를 시험한다."

너무 큰 비중은 수익보다 불안의 진폭을 키운다. 주식투자에서 진정한 실력은 수익률이 아니라 마음을 지키는 힘에 있다는 것을 테슬라가 내게 가르쳐 주었다.

16. 너무 빠른 선택. 상장폐지 두번째. 리사이클홀딩스

나는 한때 이차전지에 완전히 빠져 있었다. 테슬라를 비롯해 중국의 2차전지 관련 주식에 상당한 금액을 투자했다. 그것도 모자라, 폐배터리 재활용 기업까지 눈을 돌렸다.

그 회사가 바로 Li-Cycle Holdings(티커 LICY) 이다. Li-Cycle은 캐나다 토론토에 본사를 둔 리튬이온 배터리 재활용 기업이다. 이 회사의 사업모델은 전기차 배터리 폐모듈과 제조 스크랩을 수거해 분쇄·가공하여 '블랙 매스(black mass)'라 불리는 중간물질을 추출하고, 이를 다시 리튬·니켈·코발트 등 핵심소재로 재생하는 것이다.

아이디어만 놓고 보면, 완벽했다. 나는 "이게 바로 미래다"라고 확신했다. 하지만 현실은 냉정했다. Li-Cycle은 '그린테크'라는 아름다운 포장 속에 있었지만, 기술은 앞서갔고 자금과 사업화는 따라오지 못했다.

결국 2025년 2월 26일, 뉴욕증권거래소(NYSE)에서 상장폐지 되었다. 화면에 뜬 그 한 줄 공시는 짧았지만, 내 마음엔 긴 한숨을 남겼다.

투자자로서의 나는 그때 깨달았다. 기술의 잠재력만 믿고, 수익성과 자금흐름을 무시한 것은 '투자'가 아니라 희망적 추측이었다.

Li-Cycle은 '너무 빠른 선택'이었고, '너무 낯선 지역'에 대한 욕심이었다. 배터리 산업의 중심은 한국과 중국에 있다. 그런데 나는 굳이 기반이 약한 캐나다 기업을 선택했다.

확증편향과 욕심이 손을 잡고 나를 이끌었다. 국내에도 성일하이텍, 새로닉스 같은 훌륭한 기업이 있었는데도 말이다.

새롭게 싹트는 산업일수록, 그만큼 더 신중해야 한다. 기술이 미래를 바꾸는 것은 맞지만, 모든 기술이 돈이 되는 것은 아니다.

나는 이 경험을 통해 배웠다. "미래를 믿되, 흥분하지 말자. 기술보다 중요한 것은, 그 기술을 버틸 자본이다."

이 경험을 통해 나는 상당금액을 투자하고 있는 조비에비에이션에 대해 더 면밀히 분석을 하는 계기가 되었다.

17. 오픈도어 매도로 느낀 내가 팔은 주식이 폭등할 때 기분. 매도 원칙

"주식시장에서 가장 고통스러운 일은 손실이 아니라,
내가 판 주식이 폭등하는 것을 지켜보는 일이다."(워런 버핏)

종목선택의 원칙. 그리고 그 일탈
나는 늘 이렇게 다짐했다. "인간의 삶을 바꾸는 세계 1등 기업만 투자한다." 그것이 나의 종목선택의 원칙이었다.

하지만 어느 순간, 이 원칙을 잠시 어긴 적이 있었다. 2022년 3월 16일, 미국 연방준비제도(Fed)가 첫 금리 인상을 단행했을 때였다. 이후 적자 기업, 특히 미국의 소형 성장주들은 90% 가까이 폭락했다.

나는 그 전에 현금을 확보해 두었고, 덕분에 헐값에 '줍줍'할 기회를 얻었다.
그때 매수한 8개의 종목 중 하나가 바로 오픈도어(Opendoor)였다.

오픈도어. 기회의 문
오픈도어는 주택을 온라인으로 사고파는 플랫폼이다. 우리나라의 '직방'이나 '호갱노노'와 비슷하지만, 규모와 시스템은 훨씬 크다. "부동산 거래를 기술로 혁신한다"는 점에서 어느 정도 나의 투자철학에도 부합했다.

이 회사의 주가는 최고점 39달러에서 0.9달러까지 추락해 있었다. 2023년 3월 11일, 나는 1.2달러에 천만 원어치를, 상폐는 되지 않을 것이라는 믿음, 그리고 '가치투자자'로서의 저가 매수 욕망이 나를 움직였다.

"시장은 단기적으로는 인기투표장이지만, 장기적으로는 저울이다."(벤저민 그레이엄)

이후 오픈도어는 2023년 12월 15일, 4.89달러까지 상승했다. 나는 장기투자를 고수했다. 단 하나 아쉬웠던 것은, '천만 원밖에 안 샀다'는 점뿐이었다.

추가매수. 그리고 절망의 낭떠러지
2024년 말, 주가는 다시 1.5달러로 떨어졌다. "지금이 기회다"라는 생각으로 총 5,200만 원을 투입했다. 그러나 시장은 냉혹했다. 2025년 6월 27일, 주가는 0.5달러까지 추락하였고, 상폐설과 주식병합 이야기가 돌았다. 나의 수익률은 -68%. 손절을 고민했지만, 나는 실패에서 배우기 위해 그대로 버티기로 했다.

미친 반전. 그리고 잘못된 예측
그때 기적 같은 일이 벌어졌다. 미국 커뮤니티 레딧(Reddit)에서 오픈도어가 "다음 밈 주식(Meme Stock)"으로 떠오르기 시작한 것이다. 주가는 하루에 70%씩 폭등했다. 일주일 사이, 나의 계좌는 -68%에서 +100%로 뒤집혔다.

기쁨보다 혼란이 컸다. 팔아야 할까? 아니면 더 버텨야 할까? 결국 나는 2025년 7월 26일, +40% 구간에서 전량 매도했다. "밈주식은 끝이 없지만, 바닥도 없으니 이쯤에서 정리하자."

그러나 그 결정은 완전히 빗나갔다. 그 후 오픈도어는 10.87달러까지 치솟았다. 만약 그대로 보유했다면, 나는 거의 텐배거를 경험했을 것이다.

그런데 최근에는 "비욘드미트"가 밈주식으로 등극했다. 비욘드미트는 2025년 10월 16일 0.5달러였으나, 2025년 10월 22일 7.69달러까지 상승했다가, 2025년 10월 28일 현재 1.8달러이다. 변동성의 극치를 보여주고 있다.

깨달음. 손절보다 더 아픈 것

손절보다 더 괴로운 일은 '내가 판 주식이 폭등하는 것'임을 그날 알았다. 다만, 그날의 후회는 고통이 아니라, 통찰이 되었다. "가만히 있었으면 5억을 벌 수 있었는데…". 그 생각이 머릿속을 떠나지 않았다. 하지만 그 후회 덕분에 나는 '매도'의 철학을 새로 세웠다.

나의 매도 원칙

기존 원칙 3가지는 첫째, 회사의 펀더멘털이 변했을 때, 둘째, 더 좋은 기업을 발견했지만 현금이 없을 때, 셋째, 텐배거가 되었을 때이다(단, 이때는 전량 매도 대신 익절을 고민만 한다)

새로 추가한 3가지 원칙은
첫째, 50% 하락 시 손절, 장기투자라도 그 선은 지킨다. 둘째, 레딧 등에서 밈주식으로 언급되면, 즉시 매도 금지. 급등세의 '왼쪽 어깨'에서 차분히 매도한다. 셋째, 분할매도하거나 투자원금만큼만 판다.

이 추가한 매도 원칙이 내가 오픈도어 매도에서 배운 교훈이다.

매도의 기준은 '가격'이 아니라 '기업'
"좋은 기업을 싸게 사서 오랫동안 보유하라. 하지만 좋은 기업을 헐값에 팔지는 말라."(워런 버핏)

추가로 내가 매도시 고민하는 것은 다음과 같다.

수익이 나는 종목보다, 손실 나는 종목을 먼저 매도하라. 잘 팔리는 물건을 치우고, 안 팔리는 물건만 남겨두는 슈퍼마켓은 망한다.

금리 인상기에는 적자 기업을 과감히 정리하라. 그리고 현금을 확보하고 기다릴 줄 알아야 한다. "이순신 장군처럼, 이길 수 있는 싸움만 하라."

재매수는 가장 중요한 기술이다. 최소 1년 이상 기다리고, 추세 상승이 명확할 때 다시 들어가라. 2022년의 테슬라(440 → 100), 엔비디아(330 → 110) 사례처럼 인내는 결국 기회가 된다.

매수보다 어려운 매도

주식시장은 우리에게 이렇게 묻는다. "당신은 돈을 벌 준비가 되었는가?"가 아니라, "당신은 기다릴 준비가 되었는가?"

역시 주식은 매수보다 매도가 더 어렵다. 그날 오픈도어를 판 나의 손은 후회로 떨렸지만, 그 후회 덕분에 나는 진짜 투자자의 길을 배웠다.

"가장 좋은 투자자는 이익을 낸 사람이 아니라, 실수를 통해 철학을 얻은 사람이다."

18. 팔 때는 반드시 시장가로 팔아라. 지정가 매매로 못 팔아 −90% 된 이야기

나는 '테슬람'이다. 그런데 사람의 욕심은 끝이 없다. 나는 "전기차 시장의 미래는 테슬라 하나로 끝나지 않는다"는 생각에, 중국 전기차 기업 니오(NIO)를 추가로 매수했다.

지금의 나라면 절대 하지 않을 결정이었다. 같은 섹터에 중복투자라니, 위험관리 측면에서는 최악이었다. 하지만 그때의 나는 초보자였다.

100% 수익 앞에서 멈추지 못한 욕심

나의 니오 매수가는 30달러였다. 이후 주가는 미친 듯이 올랐다. 2021년 1월, 66.99달러. 수익률로는 100%를 넘겼다. 나와 함께 매수한 친구는 과감하게 익절했다. 그는 수익금을 들고 엔비디아로 갈아탔고, 그 결정은 지금 돌이켜보면 거의 '신의 한 수'였다.

하지만 나는 달랐다. "나는 장기투자자야. 이 정도 수익에 흔들리지 않아." 그게 교만이었다. 그 이후 니오는 서서히, 그러나 확실하게 무너졌다. 30달러, 다시 내 매수가로 돌아왔다.

나는 어찌되었든 하락추세이므로, 본전인 상태에서 니오를 매도하기로 결정했다. 그러나 인간의 욕심은 참 무섭다. '조금이라도 더 먹자'는 생각이 들었다. 그래서 32달러에 지정가 매도 예약을 걸어두었다.

그러나 신은 나를 심판했다. 팔리지 않았다. 그날, 단 1달러 차이로. 그 후 나는 계좌를 보지 않았다. 보고 싶지 않았다. 시간이 지나 문득 확인해보니 20달러. "이쯤 되면 다시 오르겠지." 그렇게 또 방관했다. 결국 니오는 6달러대까지 추락했다.

나는 그때서야 전량 매도했다. 최저점에서. 결국 최고점 대비 -90% 손실을 확정한 것이다.

그때 시장가로 매도했다면 이런 비극은 없었다. 지정가 매도는 탐욕의 산물이다.
"조금이라도 더"라는 마음이 결국 "아무것도 남기지 못한" 결과로 이어진다.

그 이후로 나는 원칙을 하나 세웠다.
"팔기로 마음먹었으면, 무조건 시장가로 판다." "1% 욕심이 90% 손실로 돌아올 수 있다."

니오에서 나는 큰 돈을 잃었지만, 그보다 더 값진 것을 얻었다. '결정의 시점'에서는 미련이 아닌 실행이 중요하다.

19. 음주매매로 망한 이야기

판단력이 흐려진 순간, 10년 계획이 무너졌다

나는 지금까지 모든 매매를 모바일로 해왔다. 언제 어디서든 매매가 가능하다는 것은 편리하지만, 동시에 위험한 일이다. 그 중 가장 대표적인 위험이 바로 '음주매매'다.

나는 늘 스스로 다짐했다. "술을 마신 날은 절대 매매하지 않는다." 술을 마시면 판단력이 흐려진다. 가격을 잘못 입력할 수도 있고, 평소 같으면 절대 매수하지 않을 종목을 '감정적 확신'으로 사버릴 수도 있다. 마치 음주운전처럼 말이다.

그래서 나는 실제로 술을 마시는 날에는 아예 차를 가지고 나가지 않는다. 주식도 똑같다. 그런데 문제는 '예외'였다.

시놉시스를 팔아버리다

2025년 9월 9일, 시놉시스(Synopsys)는 실적 발표 후 주가가 하루 만에 30% 폭락했다. 시놉시스는 반도체 설계 자동화(EDA)의 절대 강자다. 이 회사가 없으면 반도체를 설계할 수조차 없다. 케이던스(Cadence), 지멘스(Siemens)와 함께 반도체 산업의 '시작점'을 담당하는 기업이다.

그래서 나는 30% 하락해도 눈 하나 깜짝하지 않았다. "이 정도 일시적 조정쯤은 괜찮아." 실제로 다음 거래일에는 10% 반등했다.

그 다음 날에도 올랐다. 손실은 20% 수준까지 줄었다.

그런데 그날 저녁, 지인들과의 회식에서 술을 마셨고, 기분이 약간 올라 있었던 나는 '지금 팔고 다시 저점에서 사면 더 낫지 않을까?'라는 근거 없는 확신이 들었다.

결국 음주 상태에서 시놉시스를 전량 매도했다. 나는 20%의 손실을 확정한 것이다. 그런데 다음 날, 시놉시스는 상승하기 시작했다. 며칠 만에 나는 손실이 아니라 수익 구간에 들어올 수 있었던 상황이었다.

10년을 보유하려 했던 종목이었는데, 단 한 번의 '음주매매'로 모든 계획이 무너졌다.

매매 버튼도 내려놓자
음주운전은 한순간의 방심이 인생을 바꾼다. 음주매매도 마찬가지다. 술 한잔 후의 '즉흥적 매도'가 10년의 투자 계획을 무너뜨릴 수 있다.

그래서 나는 그날 이후로 원칙을 세웠다. "술자리가 있는 날에는, 절대 매매를 하지 않는다." "차 키와 함께, 매매 버튼도 내려놓는다." 시놉시스는 여전히 훌륭한 기업이다. 하지만 나에게는 '음주 판단력의 희생양'으로 남았다.

그날 이후, 나는 주식 매매에서 단 하나의 원칙을 더 추가했다. '술과 주식은 절대 섞지 말 것.'

20. 하락장 멘탈 관리법. 마음이 흔들릴 때의 나만의 처방전

나는 스스로 멘탈이 강한 편이라고 생각한다. 본래 성격은 매우 급하고 즉흥적이지만, 유독 주식투자만큼은 '만만디'다. 독서를 통해 얻은 깨달음 덕분이다. 좋은 주식은 결국 제자리를 찾는다는 믿음이 마음속에 자리 잡고 있었다.

그런데 2022년, 미국의 급격한 금리인상기가 찾아왔다. 그때는 정말 버티기 힘들었다. 내 주력 종목인 테슬라, 엔비디아, 비야디가 하루가 다르게 무섭게 떨어졌다. 마치 눈앞에서 돈이 녹아내리는 것 같았다.

결국 나는 결단을 내렸다. "다시 상승할 때까지 주식시장을 떠나자." 좋은 회사는 반드시 회복한다는 믿음을 끝까지 붙잡고, 나는 계좌를 열지도 않았고, 뉴스도 보지 않았다. 그저 10개월 동안 조용히, 나의 일상으로 돌아갔다. 그러자 신기하게도 멘탈이 완전히 평온해졌다.

시장을 떠나니, 흔들릴 이유가 사라진 것이다. 그 이후 나는 하락장이 올 때마다
다음 세 가지 원칙을 스스로에게 되새긴다.

① 하락장은 '대바겐세일'이다

하락장은 두려움의 순간이 아니라, 오히려 평소에 사고 싶었던 기

업을 할인된 가격에 살 수 있는 기회다. 그래서 나는 평소에 관심 종목을 꾸준히 공부해 두었다가 시장 전체가 무너질 때 그 종목만 매수한다. 그 후엔 계좌를 닫는다. 이미 산 주식의 가격을 매일 확인하지 않는다. 가격은 흔들리지만, 내 신념은 흔들리지 않기 위해서다.

② 조정은 대나무의 마디다
대나무는 마디가 없으면 높게 자라지 못한다. 주식시장도 그렇다. 조정은 끝이 아니라 더 큰 상승을 위한 마디다. 하락은 고통스럽지만, 그 고통이 곧 다음 단계의 에너지가 된다.

③ 진짜 힘들면 잠시 떠나라
때로는 '버티기'보다 '거리두기'가 더 현명하다. 나는 금리인상기 때 실제로 시장을 떠나 있었다. 그 기간 동안 내 계좌는 멈췄지만, 내 마음은 회복되었다.

떠나보면 안다. 시장은 늘 그 자리에 있고, 내가 불안해할 때만 세상이 흔들리는 것처럼 느껴진다는 것을.

결국 하락장은 피해야 할 재앙이 아니라, 다시 오르기 위한 숨 고르기다. 주식시장은 대나무처럼 자란다. 한 번의 하락, 한 번의 마디마다 그만큼 더 높이 솟아오를 준비를 하는 것이다.

"하락장은 두려움이 아니라 기회다." "2보 전진을 위한 1보 후퇴일 뿐이다."

"개인은 팔지 않을 자유가 있고, 이는 최고의 무기이다."

"주가는 흔들리게 마련이다. 흔들리지 않으면 주식도 아니고, 돈도 크게 벌지 못한다."

21. 자녀에게 상속할 주식. ASML

나는 여러 종목을 보유하고 있다. 가장 비중이 큰 종목은 엔비디아이며, 그 외에 반도체 분야 종목으로 ASML, 테라다인, 북방화창, 에흐르테스트시스템즈를 보유 중이다.

그중에서 자녀에게 상속할 단 하나의 주식을 꼽으라면, 나는 주저 없이 ASML을 선택한다.

이 회사는 그야말로 넘사벽이다. 겉으로는 TSMC·삼성·인텔·SK하이닉스 등에 장비를 납품하는 '을(乙)'의 위치에 있지만, 실상은 그 반대다. 오히려 이들 반도체 거인들이 ASML의 장비를 공급받기 위해 애원하는 관계다.

반도체의 심장을 만드는 회사

ASML은 네덜란드의 반도체 장비 회사로, 세계에서 유일하게 EUV(극자외선) 노광장비를 제작한다. EUV는 반도체 회로를 웨이퍼 위에 새기는 기술로, 3나노·2나노 등 초미세 공정을 구현하기 위해 반드시 필요하다. 즉, ASML이 없으면 첨단 반도체는 존재할 수 없다.

그래서 업계에서는 ASML을 두고 "반도체 산업의 목줄을 쥔 회사"라고 부른다. TSMC나 삼성, 인텔이 '반도체 왕국의 군주'라면, ASML은 그 왕들에게 검을 쥐여주는 유일한 대장장이다.

기술패권의 중심. 그리고 완전한 독점

중국이 반도체 굴기를 외치며 수조 달러를 투자하지만, ASML의 장비가 없기 때문에 5나노 이하 공정을 구현하지 못한다. ASML의 EUV 기술은 수십만 개의 부품이 결합된 정밀 광학체로, 독일의 카를자이스, 미국의 사이머와 함께한 20년 이상의 협력과 연구 끝에 완성된 결정체다.

이 기술은 복제가 불가능한 진입장벽이다. 그래서 ASML은 오늘도 독점하고, 그 독점이 깨질 확률은 사실상 제로에 가깝다.

시간이 곧 부(富)가 되는 주식

ASML은 장기적으로 우상향하는 구조를 갖고 있다. AI, 자율주행, 반도체 고도화가 진행될수록 ASML의 장비 수요는 오히려 폭증한다. 게다가 배당도 꾸준히 지급한다.

나는 이렇게 확신한다. "ASML은 단순한 주식이 아니라, 기술문명의 근간에 투자하는 것이다." 내가 살아 있는 동안 이런 회사를 발견하고 투자할 수 있다는 것은 행운이다.

그래서 이 주식은 팔지 않는다. 이 주식은 내 자녀에게 상속할 것이다.

22. 조비에비에이션 비중을 높이는 이유. 나의 2번째 엔비디아

요즘 내가 가장 아끼고 사랑하는 주식은 단연 조비에비에이션(Joby Aviation)이다. 하늘을 나는 택시(UAM)와 군사용 드론의 상용화를 꿈꾸는 기업이다.

2025년 10월 22일 현재, 나의 은퇴계좌에서 조비의 수익률은 324%를 기록 중이다. 이후 '불타기(추가매수)'를 진행한 두 개 계좌에서도 각각 109%, 31%의 수익률을 보이고 있다.

이제는 내 포트폴리오에서 조비가 차지하는 비중도 제법 커졌다. 하지만 나는 여기서 멈추지 않을 생각이다. 앞으로 조정이 온다면 비중을 더 늘릴 계획이다.

그리고 나는 모으기 기능을 통해 매일 조비 주식을 1주씩 사고 있다.

그 이유는 단순하다. 그동안 확신이 있으면서도 비중을 싣지 않아, '텐베거'를 경험하고도 아쉬움이 남았던 기억 때문이다.

좋은 주식을 찾는 것은 어렵지만, 찾았다면 비중을 실어야 한다. 찰리 멍거의 이 말이 지금의 내 투자 철학과 맞닿아 있다.

조비는 2009년에 설립된 이래 지금까지 단 한 번도 순이익을 내지 못했다. 그러나 그 긴 세월 동안 버텨왔다. 이는 기술력과 비전, 그리고 자본이 함께 살아 있다는 뜻이다.

2025년 10월 7일에는 약 5억7천만 달러 규모의 유상증자를 성공적으로 마쳤다.

현재 두바이에서 버티포트(도심항공 교통 이착륙장)를 건설 중이며, 2026년 상용화를 목표로 하고 있다. 일본의 ANA, 미국의 델타항공, 우버, 그리고 도요타 자동차가 주요 파트너다. 특히 도요타는 단순한 지분투자자가 아니라 조비의 대량생산 시스템 구축을 조언하며 실질적인 제조 파트너 역할을 맡고 있다.

무엇보다 고무적인 것은 조비의 FAA(미 연방항공청) 인증 진척 상황이다. 조비는 FAA의 형식 인증(Type Certification) 5단계 중 3단계를 완료했고, 4단계 시험 작업은 약 70% 진행 중이다. 또한 FAA로부터 운항관리 소프트웨어의 인증 승인도 받아냈다. 이제 남은 것은 상업운항 허가뿐이다.

이 정도 속도라면 조비는 예정대로 2026년 상용화에 성공할 가능성이 높다고 본다. 하지만 내가 조비를 특별히 높이 평가하는 진짜 이유는 따로 있다. 조비는 단순히 'UAM 기체를 만드는 회사'가 아니라, "UAM 운항 플랫폼"으로 진화하는 기업이라는 점이다.

즉, 단순한 제조기업이 아니라 운항·예약·교통망을 통합 관리하는 소프트웨어 기업으로 발전할 수 있다는 것이다. 이 변화가 현실이 된다면, 조비는 '하늘의 우버', 혹은 '항공의 테슬라'가 될 것이다.

고무적인 것은 2025년 10월 Joby Aviation이 NVIDIA의 신형 AI 온보드 컴퓨팅 플랫폼인 IGX Thor를 활용하기 위해 NVIDIA

와 협업하기로 발표한 것이다. 이 협력은 'AI + 항공모빌리티(eVTOL 및 자율비행)'라는 고성장 분야에서 핵심 기술이 결합된 사례이다. NVIDIA가 가진 AI 컴퓨팅 역량과 Joby의 항공 플랫폼 및 인증 노하우가 결합됨으로써, 시장 진입 장벽이 매우 높은 영역에서의 진전 가능성이 커졌다.

내가 보기엔 지금의 조비는 순이익을 내기 전의 테슬라와 비슷한 시점에 서 있다. 리스크는 있지만, 방향이 명확하고 기술력은 이미 검증 단계에 있다.

그래서 나는 믿는다. 조비는 인류의 이동 패러다임을 바꾸는 기업이 될 것이다. 그리고 나는 그 변화의 초입에 서서, 그 여정을 함께 하고 싶다. 인간의 삶을 바꾸려는 기업, 조비. 나는 오늘도 그 이름을 응원한다.

다만 절대 투자추천은 아니다. 투자는 오로지 본인이 공부하고 선택하여야 하는 것이다.

마지막으로 조비에 대한 비중을 늘리면서 역시 겪는 일이 있다. 어느 정도까지 늘릴 것인지이다. 테슬라 매도 사례처럼 너무 비중이 크면 변동성에 휘둘려 버티기가 쉽지 않다. 더욱이 조비는 아직 적자기업이다.

그래서 더욱 고민을 한다. 참 주식투자 어렵다. 하지만 그래도 텐베거가 될 경우 의미있는 수익이 나올 정도는 비중을 실을 생각이다.

23. 은행이 위험하다. 스테이블 코인과 코인베이스 매수

스테이블코인을 만나다

2025년 9월, 나는 김준형님이 운영하는 카카오톡 단톡방 '투자클럽'에서 깜짝 놀랄만한 공지를 보았다. 『스테이블코인의 시대』 저자인 이선민 님이 직접 강의를 한다는 것이다. 나는 이미 스테이블코인에 관심이 있었기에, 즉시 강의 신청을 하고 책을 구입해 꼼꼼히 읽었다.

투자자에게 새로운 패러다임은 언제나 기회이자 위기다. 나는 책을 읽으며 자연스럽게 생각했다. "이 금융혁명에서 나는 어디에 올라탈 것인가?"

진짜 돈을 버는 자는 누구인가?

결론부터 말하자면, 스테이블코인이 일으키는 금융혁명에는 반드시 올라타야 한다. 그러나 중요한 것은 '어디에 올라타느냐'이다. 내 결론은 명확했다.

코인베이스(COIN), 로빈후드(HOOD), 소파이(SOFI) 같은 스테이블코인 거래 플랫폼(거래소)에 투자하자는 것이다. "도박꾼이 돈을 버는 것이 아니라, 도박장을 만든 자와 돈을 빌려주는 자가 돈을 번다."

이 말처럼, 스테이블코인 시대의 진짜 승자는 토큰을 발행하는 곳이 아니라 유동성과 실행을 통제하는 플랫폼이다.

그래서 나는 써클(Circle)보다 코인베이스(COIN)에 투자하기로 결론 내렸다. 써클이 '토큰'을 만든다면, 코인베이스는 그 토큰이 쓰이는 경제를 설계하고 통제한다. AI 에이전트 시대에 코인베이스는 '금융 인프라 레이어'를 가장 넓게 확보한 유일한 상장사이며, 중장기적 관점에서 전략적 우위가 분명하다고 판단했다.

즉각 실행. 그리고 확신

나는 결론을 내면 즉시 실천한다. 그래서 세 거래소를 검토했고, RSI 지표를 확인했다. 로빈후드와 소파이는 과매수 영역이었지만, 코인베이스는 매수 원칙선(30 이하)에 들어와 있었다. 그래서 나는 즉시 분할매수에 들어갔다.

드디어 2025년 10월 10일, 이선민 님의 강의를 들었다. 강의를 듣고 나니 확신이 더 강해졌다. "스테이블코인은 단순한 코인이 아니라 금융의 혁명이다."

확신이 생기면 버티는 힘이 생긴다. 하락할 때 팔지 않는 힘, 상승할 때 끝까지 먹는 힘이 생긴다.

그것이 진정한 투자자의 자세다.

은행의 위기. 결제수단의 혁명

이제 월급을 스테이블코인으로 지급하고, 물건을 스테이블코인으로 거래하는 시대가 왔다. 결제수단이 바뀌고 있다.

수수료 수입에 안주하던 은행은 최대의 위기를 맞고 있다. 적응하는 은행은 살아남겠지만, 변화에 저항하는 은행은 사라질 것이다.

"위기는 두 글자로 쓰인다.
하나는 위험이고, 다른 하나는 기회다."(존 F. 케네디)

스테이블코인 그 본질

스테이블코인은 법정화폐, 금, 암호화폐 등 실물자산에 연동되어 가격 변동성을 최소화한 디지털 자산이다. 현재 전 세계 스테이블코인 규모는 약 2,500억 달러, GDP 기준으로 보면 세계 50위 경제 규모에 해당한다. (출처: 『스테이블코인의 시대』, 이선민 저)

스테이블코인의 다섯 가지 유형

스테이블코인 종류는 크게 5가지가 있다.

첫째, 법정화폐 담보형이다. 실제 달러·유로 등 은행 계좌에 예치된 자산을 1:1 담보로 발행한다. 대표적으로 USDT(Tether), USDC(Circle)등이 있다. 장점은 가치 안정성 높고, 환금성이 좋다는 것이다. 단점은 발행사가 자산을 관리하므로, 주소 동결(blacklist), 특정 이용자 거래 차단, 정부 요청에 따른 자산 압류가 가능하다는 것이다.

둘째, 암호화폐 담보형이다. ETH, BTC 등 암호화폐를 초과담보(150% 등)로 예치하여 발행한다. 대표적으로 DAI가 있다. 장점은 탈중앙화 구조에 있고, 단점은 담보 변동성에 따라 디페깅(depeg) 위험이 있다.

셋째는 알고리즘형이다. 담보 없이, 공급량 조절(소각·발행)로 1달러 유지를 시도한다. 대표적으로 UST(Terra)가 있다. 테라 루나 사태 이후 알고리즘형은 거의 사라졌다.

넷째는 상품 담보형이다. 금, 은, 원유 등 실물 자산을 담보로 한다. 대표적으로 PAXG (금 기반)이 있다. 장점은 실물 가치 보존과 인플레이션 헤지이다. 단점은 실물 보관·검증 리스크이다.

다섯째는 중앙은행 디지털화폐(CBDC형)이다. 각국 중앙은행이 직접 발행하는 디지털 법정화폐이다. 대표적으로 e-CNY(중국)이다. 장점은 국가가 보증하고, 통화정책 연계가 가능하다는 점이다. 단점은 익명성 제한, 통제 강화 우려이다.

금융 시스템의 경계가 무너진다

스테이블코인의 가장 큰 장점 중 하나는 초소액 결제가 가능하다는 점이다. 지금은 1달러, 심지어 1센트 단위까지 실시간 정산이 가능하다.

미국의 '지니어스법안(Genius Act)'은 스테이블코인 발행자의 파산 시 이용자 자산의 우선변제권을 명시하고, 이자 지급을 금지하여 은행 시스템을 보호하는 장치를 마련했다.

그러나 그 법안이 역설적으로 보여주는 것은 이거다. "은행이 보호받아야 할 만큼, 위협받고 있다."

적응과 준비

이선민 교수는 책에서 말했다. "2030을 준비하는 키워드는 '적응'과 '준비'다."
멋진 말이다.

나 역시 스테이블코인이라는 금융혁명에 적응하고, 준비하기로 마음먹었다.
이제 돈의 형태가 바뀌고 있다. 달러가 아니라 코드(code)로, 은행이 아니라 블록체인 지갑으로 흐른다.

그리고 그 변화의 한가운데에, 나는 코인베이스의 주주로 서 있다.
그리고 지금은 스테이블코인 시대의 또 다른 주역이 될 '이더리움'을 공부하고 있다.

"혁신은 가장 조용히 찾아오지만, 그 결과는 세상을 완전히 바꾼다."

24. 망설임이 날려버린 주식. 레이벤 스마트 안경

스마트폰을 대체할 차세대 디바이스는 무엇일까? 아마 대부분의 사람들은 '스마트안경'이라고 답할 것이다.

메타(Meta)는 단순한 소셜미디어 기업이 아니다. 그들의 비전은 '스크린 너머의 연결'이다. 즉, 화면 속에서 세상을 보는 것이 아니라, 세상 속에서 기술을 느끼게 하는 것이다.

이 철학이 구현된 대표적인 결과물이 바로 레이벤(Ray-Ban)과 협력해 만든 「Ray-Ban Meta Smart Glasses」이다. 이 제품은 메타의 AI와 음성비서 기술, 그리고 레이벤의 세련된 디자인이 결합된 새로운 형태의 웨어러블이다.

겉보기엔 평범한 선글라스처럼 보이지만, 그 안에는 초소형 카메라·마이크·스피커·AI 음성인식 시스템이 숨어 있다. 사용자가 "Hey Meta"라고 부르면 사진을 찍거나 영상을 촬영하고, 즉시 SNS에 업로드한다.

2025년에는 '비전 AI(Vision AI)' 기능이 추가되어, "이 건물은 뭐야?"라고 물으면 카메라가 이미지를 인식하고 바로 답변을 해준다. 말 그대로 인간의 시각에 인공지능이 결합된 것이다.

나는 이 스마트안경의 잠재력을 보며 메타 주식을 사고 싶었다. 하지만 이미 주가가 많이 오른 상황이어서, 대신 부품주를 찾기 시작했다. 그중 단연 눈에 띈 기업이 바로 레이벤을 만드는 에실로룩소티카(EssilorLuxottica)였다.

공부를 시작하고 매수 타이밍을 살피던 중, 한 가지 문제가 있었다. 이 회사는 프랑스 증시에 상장되어 있었고, 유로화로 환전해야 매수가 가능했다. 그 사소한 불편함 때문에 나는 잠시 머뭇거렸다.

그 사이, 주가는 폭등했다. 2025년 7월 14일 238.5달러였던 주식이 2025년 10월 26일에는 313달러가 되었다. 내 매수원칙인 RSI 30 이하 구간도 한때 분명 존재했다.

그러나 나는 주저했고, 결국 또 한 번의 기회를 놓쳤다.

그리고 또 하나의 주식인 코히런트도 RSI가 과매수권이라 사지 못했는데, 이 주식도 상승을 계속하고 있다.

이 경험을 통해 나는 깨달았다. 공부가 부족하면 확신이 흔들리고, 확신이 없으면 매수는 미뤄진다.

스마트안경은 분명 미래 디바이스다. 다음 번에는 주저하지 않으리라. 공부와 원칙, 그것이 투자자의 가장 든든한 무기임을 다시 한번 느꼈다.

25. 양자컴퓨터, 소형원자로(SMR)를 놓친 바보 같은 이유

모르면 대세를 따라라

아이온큐(IonQ)는 2021년 10월에 상장하자마자 주가가 치솟았다. 한 달 뒤인 2021년 11월, 35.9달러까지 올랐던 주식은 불과 1년 만인 2022년 12월에 3달러까지 폭락했다. 뉴스케일파워(NuScale Power) 역시 2022년 5월 3일 상장 직후 11.9달러를 찍고, 2023년 11월에는 1.81달러까지 떨어졌다.

나는 공교롭게도, 이 두 종목이 바닥을 찍던 시점에 매수를 진지하게 검토했다.
하지만 결국 사지 않았다. **이유는 단 하나, "경험 부족"**이었다.

주식시장은 미인대회다. 모든 참가자가 "가장 아름다운 사람"을 찾는 것이 아니라, "다른 사람들이 가장 아름답다고 생각할 사람"을 찾는 곳이다. 아이온큐와 뉴스케일파워는 그 자체로 '미인'이었다. 특히 아이온큐는 유트브에서도 수많은 사람들이 "인생을 바꿀 주식"이라며 열광했다.

그렇다면 논리적으로는 일단 조금이라도 포트폴리오에 담아야 했다. 하지만 나는 "아직 상용화가 멀었다"는 이유로 외면했다. 지금 돌이켜보면, 그 판단이 얼마나 어리석었는지 알 수 있다.

나는 양자컴퓨터에 대해 깊이 몰랐고, 소형원자로(SMR) 역시 공부가 부족했다. 그렇다면 몰랐기에 소액이라도 사서 관찰하는 게 옳았던 것이다. 몰라서 피한 것이 아니라, 몰라서 기회를 놓친 셈이다.

2025년 10월 현재, 나는 여전히 이 두 종목을 갖고 있지 않다. 한때 "너무 싸서 고민하던 가격"이 이제는 "너무 비싸서 접근하기 어려운 가격"이 되었다.

떠난 버스는 이미 저 멀리 달려가 버렸다. 이 두 종목에서 얻은 교훈은 단순하지만 강력하다. **주식시장에서 '대세'를 거스르면 안 된다.**

확신이 없더라도, 시장이 가리키는 방향에는 이유가 있다. 그때는 몰랐지만, 그 이유를 나중에 깨닫게 된다.

이제 나는 '추세추종 투자(Trend Following)'를 더욱 진지하게 바라보고 있다. 다만 그 전략을 실행하려면 "확신"이 전제되어야 한다. 아직 나는 그 확신을 가지지 못했기에, 지금은 지켜보고 공부하는 단계다.

양자컴퓨터 분야에서는 이미 구글(Google)과 팔로알토(Palo Alto Networks)를 통해 간접적으로 참여하고 있다. 이들이 양자컴퓨터 및 보안 기술을 선도하고 있기 때문이다. 그리고 나는 IBM을 유심히 지켜보고 있다. 구글과 IBM은 지난 수년간 양자 기술에 막대한 투자를 해 왔고, 그 기술력은 이미 검증 단계에 있다.

떠난 버스를 억지로 쫓지 말자. 대신 다음 버스를 탈 준비를 하자. 기회는 늘 다시 온다. 다만 그때는 이번처럼 망설이지 않고, 대세를 따르자.

26. 비트코인에 대한 생각의 전환

나는 아직 비트코인을 사지 않았다. 그 이유는 단 하나 아직 충분히 공부가 안 되어 있기 때문이다. 그러나 최근 이선민 님의 책《스테이블코인의 시대》를 읽고, 나의 시각이 완전히 바뀌었다.

그전까지 나는 비트코인을 단지 '투기적 자산'으로만 생각했다. 하지만 책을 덮고 나니 비트코인은 단순한 '코인'이 아니라, 새로운 형태의 통화 시스템, 그리고 글로벌 금융 구조의 변화 중심에 있다는 사실을 깨달았다.

돈 풀기 전쟁 속의 새로운 가치저장 수단
지금 전 세계는 마치 끝나지 않는 돈 풀기 경쟁을 하고 있다. 양적완화(QE)와 재정지출로 각국은 경기 부양을 외치지만, 그 결과는 이미 예견되어 있다.

인플레이션이 오고, 화폐가치가 떨어지며, 그 반대급부로 희소자산인 부동산, 금, 그리고 비트코인이 오른다. 이 명백한 공식 속에서 아직도 은행에 예금만 하고 있다면, 그것은 마치 가라앉는 배 안에서 금고를 잠그는 것과 같다.

비트코인의 본질. 희소성과 탈중앙화
비트코인을 특별하게 만드는 것은 '가격'이 아니라 구조다. 그 핵심은 탈중앙화와 희소성이다.

- **내구성** : 네트워크 출범 이후 99.99%의 가동률을 유지하며, 중앙서버가 없어 시스템 전체가 멈출 가능성이 거의 없다.
- **희소성** : 발행량은 단 2,100만 개로 제한되어 있으며, 이는 디지털 세상에서 '금(Gold)'과 같은 희귀성을 부여한다.
- **분할성** : 1비트는 1억분의 1(1사토시)까지 나눌 수 있어 소액 단위 거래가 가능하다.
- **휴대성** : 인터넷만 연결되면 전 세계 어디서나 이동 가능하다. 국경, 은행, 주말과 같은 개념이 사라진다.

포트폴리오에 새로운 축을 세우다

비트코인은 전통 자산과의 상관관계가 낮아 포트폴리오의 분산 효과를 극대화할 수 있다. 세계 최대 자산운용사 블랙록의 CEO 래리 핑크는 "비트코인은 디지털 골드이며, 자산운용의 새로운 대체 축"이라 말했다.

2025년 현재 비트코인의 시가총액은 약 2조 달러, 금은 약 22조 달러 규모다.
아직 격차는 크지만, 역사는 점점 디지털 쪽으로 이동하고 있다.

비트코인의 3가지 역할

① 화폐가치 하락에 대한 방어 수단 : 인플레이션 시대의 가치 저장고이다.
② 전통 금융시장과의 분산 투자처 : 주식, 채권, 부동산과 상관성이 낮다.
③ 글로벌 위기시 대체 안전자산 : 정부와 중앙은행의 통제 밖에서 작동한다.

리스크 또한 있다

물론 비트코인은 완벽하지 않다. 극심한 가격 변동성, 각국의 규제 불확실성,
거래소 해킹과 같은 기술 리스크, 그리고 자금세탁이나 범죄 악용 가능성은 여전히 존재한다.

그렇기에 비트코인은 투기 대상이 아니라 공부 대상이다. 이해 없는 투자는 언제나 위험하다.

국가 단위의 '전략자산'으로

2025년 3월 6일, 트럼프 대통령은 "비트코인 전략보유 행정명령"을 발표했다. 향후 5년간 총 100만 개의 비트코인을 국가 차원에서 매입하겠다는 계획이었다.

이제 비트코인은 단순한 투자자산이 아니라, 외환보유고의 한 축, 경제 제재 대응 수단, 그리고 국가 간 금융주권의 상징이 되었다. 선제적으로 많이 보유한 국가가 미래의 경제력과 통화 패권을 쥐게 될지도 모른다.

"비트코인은 투기의 끝이 아니라, 금융 시스템의 진화다. 공부 없는 거부는 위험하고, 이해 없는 추종은 더 위험하다. 그러나 본질을 이해한다면, 그것은 '디지털 금'이 될 수 있다."

27. 버블 논란에 대한 나의 대응방법

2025년 말 현재, 증시에는 "버블이 곧 터질 것"이라는 경고가 쏟아지고 있다. 나 역시 현금 비중이 거의 없기에, 어떻게 대응해야 할지 고민이 많았다.

그러던 중 한 유트브 영상에서 중요한 인사이트를 얻었다. 바로 "언더스탠딩" AFW파트너스 이선엽 대표의 〈미친 주식시장에도 대부분 손해 보는 이유〉라는 강연이었다.

버블인가 과열인가
이선엽 대표는 하워드 막스(Howard Marks)의 견해를 인용하며, "현재 시장은 과열은 맞지만, 버블(Bubble)은 아니다"라고 진단했다.

과열은 기업 가치 대비 주가가 비싸긴 하지만, 그래도 실적과 실체가 존재하는 상태다. 버블은 실체가 전혀 없는데 가격만 말도 안 되게 치솟은 상태, 즉 광기(Madness)의 단계다.

모든 버블은 두 가지에서 시작된다.
① 어마어마한 성장에 대한 기대감(네러티브),
② 넘쳐나는 유동성(돈의 힘).

현재 시장은 바로 AI라는 거대한 네러티브와, 풍부한 유동성이 결합된 버블의 초입 단계로 보인다.

버블장에서 90%가 돈을 못 버는 이유

이선엽 대표는 이렇게 말한다. "버블장에서 돈을 버는 사람은 용감한 극소수다."
대부분의 투자자가 실패하는 이유는 다음과 같다.

① 용기 부족
버블은 결국 '용감한 자의 게임'이다. 밸류에이션(가치평가)을 따지는 사람은 오히려 기회를 놓친다.

② 주도주 회피
이미 비싸 보이는 주도주를 사지 못하고 '싸 보이는 후발주'를 사지만, 이런 종목은 잘 오르지 않는다.

③ 신규 투자자 유입
버블 후반에는 주식을 모르던 사람들까지 FOMO(기회 상실 공포)로 뛰어든다.
이들의 자금이 유입되어야 버블은 완성된다. 버블의 후반부가 진짜 수익 구간이다

버블의 아이러니는 가장 큰 수익이 버블의 후반부에서 발생한다는 점이다.
예를 들어, 2000년대 조선주가 4배 오른 후 마지막 1년 동안 추가로 5배가 더 올랐다. 즉, 버블의 후반부는 밸류에이션이 아닌 머니 게임의 구간이다. 이 속성을 이해하지 못하면, 가치투자자는 오히려 '올라가는 꽃'을 두려워하다가 놓치게 된다.

나의 결론. 버블을 두려워하지 말자

나는 이 강연을 듣고 결심했다. "지금은 예측보다 대응의 시기다." 섣불리 시장을 떠나지 않겠다. 일단 2026년까지는 보유를 유지할 것이다.

다만, 2026년 중순 이후 실제 버블이 터질 조짐이 보이면 가장 먼저 타격을 받을 소형 성장주의 비중을 크게 줄일 계획이다. 엔비디아, 테슬라, 비야디 같은 주력 종목은 그대로 들고 갈 것이다. 이 기업들은 이미 나에게 확신이 있고, 무엇보다 복리의 마법을 해치고 싶지 않기 때문이다.

"버블이 온다면, 일단은 즐기자. 두려워 섣불리 내려가지 말고, 다만 언제 내려올지만 미리 정해두자."

28. 보유 종목 공개

공개이유 및 비중

참고로 2025년 10월 현재 내 보유종목을 공개한다. 절대로 매수 추천이 아니다.
투자에 참고만 하여야 한다.

종목을 공개하는 이유는 투자 여정 이야기의 끝이 결국 종목이기 때문이지, 결코 매수추천이 아님을 다시 말한다.

나는 지금도 꾸준히 신규 투자 종목 발굴을 위해 노력중이다.

보유비중은 엔비디아 55%, 비야디 10%, 팔란티어 5%, 테슬라 3%, 조비 3%, 컨스텔레이션 3%, 기타 22%이다. 엔비디아 비중이 큰 이유는 처음부터 비중이 실린 상태에서 21배나 상승했기 때문이다. 생각보다 팔란티어 비중이 적은 이유는 처음에 비중을 실지 못한 상태에서 25배 상승을 했기 때문이다. 결국 수익은 비중에서 나온다.

- AI 분야

반도체	데이터센타	전기, 에너지	SW
엔비디아 ASML 테라다인 북방화창(중국) 구글 에흐로테스트시스템즈 블레이즈 홀딩스	네비우스그룹 이튼 아리스타네트웍스 버티브홀딩스	GE버노바 콘스텔레이션에너지 넥스트라에너지[1] 플러그파워	팔란티어 템퍼스AI

- **전기차, 자율주행** : 테슬라. 비야디(중국 1등 전기차 업체)

- **로봇** : 테슬라. 아마존. 엔비디아. 인튜이티브써지컬(수술 로봇 다빈치 생산 기업). 테라다인(협동로봇 세계 1등 기업 유니버설 로봇 인수)

- **사이버 보안** : 팔로알토네트웍스(Palo Alto Networks). 포티넷(Fortinet). 클라우드스트라이커(미 매수 종목, 관심 종목)

- **UAM** : 조비에비에이션

---

[1] NextEra Energy(NEE)는 미국 플로리다 주 Juno Beach에 본사를 둔 **글로벌 최대 규모의 전력 및 청정에너지 기업**, 송·배전, 천연가스, 원자력, 풍력·태양광·배터리 저장 등 모든 형태의 에너지 솔루션

- **기타**

비자, 일라이릴리, 레딧, 코인베이스, 그랩, 파가야테크놀러지, 플러그파워

투자이유를 간략히 설명하면, 비자는 설명이 필요 없는 결제 플렛폼, 일라이릴리는 비만치료제 제왕, 레딧은 지식광장, 코인베이스는 스테이블코인 시대에 스테이블코인 거래소, 그랩은 동남아시아의 카카오톡, 파가야는 신용대출 종결자, 플러그파워는 수소에너지 제왕이다.

- **국내 보유주식**

이오테크닉스, 파크시스템즈, HPSP, 동진쎄미켐, 하나마이크론
미래 보유 예정 종목 : 성일하이텍, 포스코퓨처엠

- 종목추천이 절대로 아니다. 참고자료에 불과하다.

제5부

투자의 완성,
거시경제 이해와 실용 지식

제5부 투자의 완성. 거시경제 이해와 실용 지식

1. 해외주식 양도소득세 정리

가. 해외주식 양도소득세 기본 개념

해외주식을 매매하여 연간 양도차익이 250만원을 초과하면, 그 초과금액에 대해 22%(지방소득세 포함)의 세율로 양도소득세를 내야 한다. 과세기간은 매년 1월 1일부터 12월 31일까지이며, 다음 해 5월 1일~31일 사이에 스스로 신고·납부해야 한다.

같은 해에 여러 종목에서 차익과 손실이 함께 발생한 경우, 해외주식 간에는 서로 상계(합산)가 가능하지만, 국내주식의 손익과는 합산할 수 없다.

또한, 국세청은 해외주식 매도 시 환율 적용기준에 대해 "결제대금이 고객 계좌로 입금되거나 출금된 날의 매매기준율을 적용한다"고 명확히 밝히고 있다. 즉, 단순히 체결일이 아니라 결제일(입금·출금일)의 환율을 기준으로 원화 환산해야 한다.

나. 양도세 계산방식. 선입선출법 vs 이동평균법

양도세 계산의 핵심은 매도한 주식의 '취득가액'을 어떻게 계산하느냐이다.
여기에는 두 가지 방식이 있다.

(1) 선입선출법 (FIFO)

가장 먼저 산 주식을 먼저 판 것으로 보는 방식이다. 즉, 매도한 주식의 취득가액은 최초 매수분부터 순서대로 차감된다.

> **예시**
>
> 2023년: 테슬라 100주 × 200달러 매수
> 2024년: 테슬라 100주 × 300달러 매수
> 2025년: 테슬라 100주 × 400달러 매수
> 2030년: 100주 × 2,000달러 매도
> ➡ 선입선출법에 따르면, 2030년에 매도한 100주는 가장 먼저 매수한 200달러 매입분으로 계산된다. 즉, 양도차익 = 2,000달러 - 200달러 = 1,800달러 × 100주 = 180,000달러가 된다.

(2) 이동평균법 (Moving Average)

매수할 때마다 평균단가를 다시 계산하는 방식이다. 즉, 매수할 때마다 총 매입금액 ÷ 총 주식수로 평균단가를 구해, 매도 시 그 평균단가를 취득가액으로 삼는다.

> **예시**
>
> 위 예시에서 2025년까지의 총 매수금액은
> (200×100) + (300×100) + (400×100) = 90,000달러이고, 총 300주이므로, 평균단가 = 300주당 300달러이다.
> 따라서 2030년 매도 시 양도차익은 (2,000달러 − 300달러) × 100주 = 170,000달러가 된다.

즉, 주가가 장기적으로 상승하는 경우, 또는 장기투자자에게는 이동평균법이 유리하다. 이유는 평균단가가 후행적으로 상승하기 때문에, 과세 대상 차익이 줄어들기 때문이다.

증권사별로 어느 방식을 적용할지는 다 다르다고 한다. 참고로 삼성증권은 이동평균법을 사용한다고 한다.

다. 증권사 이전 방법

그렇다면 만약 선입선출법을 사용하는 증권사에서 이동평균법을 사용하는 증권사로 해외주식을 '이전(대체입고)'한다면, 어느 기준을 적용할까? 이는 증권사마다 다르므로 반드시 사전에 확인해야 한다.

삼성증권의 경우 다음과 같이 하면 된다고 한다.

기존 증권사(예: 00증권)에서 전체 거래내역 증명서' 또는 '해외주식 양도세 계산내역서'를 발급받아야 한다. 서류에는 언제, 몇 주를, 얼마에 매수했는지의 모든 원본 데이터가 담겨 있다.

그리고 '이전받는 증권사(삼성증권)'에 '취득원가 수정·등록' 요청을 하여야 하는데, 발급받은 거래내역 증명서를 가지고 삼성증권 고객센터에 연락하여, "타사 OO증권에서 해외주식을 이전해왔는데, 시스템에 반영된 평균단가가 아닌 실제 개별 취득내역으로 정보를 수정하고 싶다"고 요청해야 한다.

증권사 직원의 안내에 따라 이메일이나 팩스 등으로 준비된 거래내역 증명서를 제출하면, 삼성증권에서 내부적으로 수작업을 통해 입고된 주식의 개별 취득원가 정보를 시스템에 등록해 줄 수 있다고 한다.

위 정보에 대해서는 반드시 삼성증권에 다시 확인하고 최종 이전을 하여야 한다.

라. 삼성증권으로 이전 시 삼성증권에서 받은 답변

아래는 대체입고와 관련하여 삼성증권에서 공식으로 받은 자료이다.

> Date : 2025-10-13 14:05 (GMT+9)
>
> Title : RE: [여의도WM1지점] 해외양도세 관련 고객문의
>
> OO증권에서 삼성증권으로 해외주식 대체 거래를 할 때, 안내받으신 대로 입고되는 주식에 대해서 최초 취득일 및 취득단가를 삼성증권 시스템에 등록할 수 있습니다. 그 이후에 해당 삼성증권 계좌에서 해외주식을 양도하는 경우 그 취득가액은 "이동평균법"으로 반영되어 그 양도차익이 계산되며, 해당 금액으로 양도세를 국세청에 신고하시면 됩니다.
> 즉, 삼성증권으로 절차대로 이관하시고 나서 추후 양도 시 이동평균법으

> 로 양도차익을 신고하실 수 있습니다.
>
> 이와 관련한 국세청 예규를 참고차 첨부드립니다.
> 서면-2022-국제세원-0764, 2022.04.15
> 해외주식의 양도차익을 산정함에 있어 취득가액은 해당 자산의 취득에 든 실지거래가액으로 하며, 양도하는 주식의 취득시기가 분명하지 아니한 경우에는 「소득세법 시행령」 제162조 제5항 규정에 의하여 선입선출법으로 양도차익을 계산하는 것이 원칙이나, 「소득세법」 제39조 제5항에 의하여 증권회사가 일반적으로 공정·타당하다고 인정되는 기업회계의 기준을 적용하여 이동평균법을 적용한 경우 이동평균법으로 양도차익을 계산할 수 있음.
> 또한, 타 금융기관 계좌로 주식을 대체한 후 양도한 경우에는 「소득세법」 제118조의4 제1항 제1호 규정에 의하여 최초로 주식을 취득한 때의 취득가액으로 양도차익을 산정해야 함.

마. 하나의 증권사에서 해외주식 투자 권고

여러 증권사에서 하면 세금 신고가 복잡해진다.

바. 환차익 과세. 한국 투자자를 짓누르는 이중과세의 짐

나는 법조인으로서 세금 제도의 합리성과 형평성에 깊이 주목해 왔다. 잠 안 자고 미국 시장을 분석하며 피땀 흘려 수익을 창출한 성실한 투자자에게, 현행 해외 주식 양도소득세는 논리적 모순을 내포한 이중의 짐을 지우고 있다.

현행법상, 해외 주식 양도차익에는 주가 상승으로 인한 순수한 차익뿐만 아니라, 환율 변동으로 발생한 환차익까지 모두 과세표준에 포함된다. 국외자산 양도차익의 외화 환산에 대해 소득세법시행령 제178조의5 제1항이 양도가액과 필요경비를 '수령하거나 지출한 날 현재의 환율'로 계산하도록 규정하고 있기 때문이다.

환율 때문에 발생하는 징벌적 세금

이 규정이 얼마나 비합리적인지 실제 사례를 통해 살펴보자.

예를 들어 5년 전 엔비디아 주가가 10달러, 환율이 1달러당 1,000원일 때 100주를 매수했다. 현재(2025년 11월 4일 기준) 주가는 200달러, 환율은 1달러당 1,430원이라고 가정하고 100주를 팔면 다음과 같은 결과가 나온다.

구분	환차익 포함 시 (현행법)	환차익 제외 시 (합리적 과세)
양도차익	27,600,000원	19,000,000원 (주가 차익만)
양도소득세	5,522,000원	3,630,000원
순수 차이		약 190만 원을 더 납부

단순 계산으로, 환율 변동 때문에 무려 190만 원의 세금을 추가로 납부해야 하는 불합리한 구조다.

이중과세의 모순. 달러 예금과 주식의 차이

여기서 결정적인 모순이 발생한다. 일반적인 달러 예금 투자로 얻은 환차익에는 소득세가 부과되지 않는다. 오직 해외 주식을 매매했을 때만 '주식 양도소득'이라는 이름으로 이 환차익까지 징벌적인 세금 폭탄을 맞는다.

이는 국가의 통화 가치 하락에 대비하고 인플레이션으로부터 자산을 방어한 성실한 투자자에게까지 세금을 매기는 비합리적 구조이며, 국부를 해외에서 국내로 환수하는 투자자에게 불공평한 짐을 지우는 행위다. 과연 이 구조가 헌법적 정의와 공정한 과세 원칙에 부합한다고 말할 수 있을까?

공정한 투자를 위한 법률 개정의 촉구

투자의 완성은 세후 수익이다. 공정한 투자 환경을 위해, 해외 주식 양도소득세 산정 시 순수한 주가 차익만을 과세하도록 제도를 개선해야 한다.

법 개정이 아닌 소득세법시행령의 개정만으로도 이 문제는 해결 가능하다. 소득세법시행령 제178조의5 제1항을 개정하여, 국외주식의 경우 취득가액과 양도가액을 모두 "취득일의 환율"로 통일하여 계산하거나, "환율변동으로 인한 차익은 양도차익에서 제외"한다는 단서 조항을 추가하면 된다. 이는 정부의 의지에 달려 있다.

이는 단순히 세금을 덜 내자는 요구가 아니다. 원칙과 형평성에 입각한 공정한 과세를 실현하여, 한국 투자자들이 글로벌 시장에서 정당하게 활동할 수 있는 정의로운 환경을 만들자는 목소리이다.

2. 해외 주식 양도세 절감법

가. 연말에 손해 본 종목 일부 매도해 이익과 상계

첫째, 매도를 한 것이 없더라도, 일단 250만원까지는 익절을 하여 둔다. 250만원이 작더라도, 누적이 되면 큰 돈이 된다.

둘째, 만일 익절한 것이 250만원이 넘는다면, 넘는 금액만큼 손절을 하여, 최종 수익금을 250만원으로 맞추어 양도세를 0원으로 한다. 예를들면, 1억원 익절을 하였다면, 9,750만원 손절을 한다는 것이다. 물론 이 방법은 손절을 할 종목이 있을 경우에만 가능한 방법이다.

나. 배우자 증여 전략

이익이 많이 발생한 주식을 배우자에게 증여한 후 양도함으로써 양도소득세를 절세할 수 있다.

주식을 증여받은 가족이 양도할 경우 증여 당시의 평가액(상장주식의 경우 증여일 전후 2개월 종가 평균액)이 새로운 취득가액이 되므로 양도소득세가 절감되는 원리이다.

세법상 배우자 간 증여재산공제 6억원과 낮은 증여세율 구간(10%~20%)을 활용하면 양도차익에 대해서 22%를 부담하는 양도세 대비 세부담이 적기 때문에 유효한 전략이다.

단, 증여세 신고 시 10년 내 동일인에게 받은 증여 재산은 합산하여 과세되므로, 과거 증여 이력이 많다면 세부담이 오히려 증가할 수 있으니 주의해야 한다.

다만, 배우자로부터 증여받은 주식을 1년 이내 양도하면, 증여자의 취득가액을 기준으로 양도차익을 계산하는 "취득가액 이월과세 규정"이 적용된다.

따라서 **증여 당시의 평가액을 취득가액으로 인정받으려면 최소 1년 이상 보유해야 한다.**

또한, 증여 후 수증자가 주식을 양도했으나, 양도대금이 증여자에게 다시 귀속되면, 당초 증여는 없었던 것으로 보고 증여자가 직접 양도한 것으로 간주하여, 양도소득세를 계산하니(부당행위계산 부인), 꼭 양도소득이 수증자(배우자)에게 실질적으로 귀속되도록 해야 한다.

3. 미국 주식 배당세. 배당소득세 15% 원천징수

(1) 미국 주식 배당금은

첫째, 미국 원천징수세
둘째, 한국 종합과세(금액에 따라) 2단계를 거친다.

(2) 첫째. 미국 원천징수세. 기본적으로 30%

- 단, 한·미 조세조약에 따라 한국 거주자는 15%로 경감
- 증권사가 미국 세금 신고 시 W-8BEN 서류를 제출해야 15% 적용, 미제출 시 30% 원천징수
- **예시** : 배당금 $1,000 → 미국에서 15%($150) 원천징수 → 실제 수령 $850

(3) 둘째. 한국 과세(종합소득세)

○ 금융소득 종합과세 기준 : 연 금융소득(이자·배당 합계)이 2,000만 원 이하인지 초과인지에 eKL라 결정됨 → 분리과세 (추가 세금 없음)

① 2,000만 원 이하 → 분리과세(추가 세금 없음)
② 2,000만 원 초과 → 종합소득세 신고 대상이며, 다른 소득과 합산하여 6~45% 누진세율 적용

- **이중과세 방지 : 외국납부세액공제 (FTC)**

종합소득세 신고 시, 이미 미국에서 낸 15% 세금은 외국납부세액공제를 통해 공제한도 내에서 공제 가능, 공제한도는 한국에서 산출된 세액과 외국에서 납부한 세액 중 적은 금액임

- 단, 본인이 직접납부하는 경우 "외국납부세액공제"가 누락되는 경우 많음, **증권사 대행이 유리**. 홈텍스에서 외국납부세액을 확인하고, 경정청구제도 이용

(4) 핵심 체크포인트

- W-8BEN 제출 필수 → 세율 15% 적용 받기
- 2,000만 원 금융소득 기준 → 종합과세 여부 결정
- 종합과세 시 미국 납부세액은 외국납부세액공제로 이중과세 방지
- 외국납부세액공제 누락 시 경정청구 가능

4. 배당투자의 함정. 세금과 건보료의 역습 및 해결책

세금과 건강보험료의 역습

나는 요즘 은퇴를 앞둔 투자자들이 미국 배당주 ETF, 특히 SCHD나 JEPI를 "노후의 구세주"처럼 모으는 모습을 자주 본다. 매달 배당금이 꼬박꼬박 들어오고, 달러 자산이라 환차익까지 노릴 수 있으니, 그야말로 "파이어족의 완성판"처럼 보인다.

나도 한때는 그런 생각을 했었다. '배당금으로 매달 월급처럼 살면 얼마나 근사할까.' 그래서 나도 SCHD 투자를 고려중이었다.

그런데 나는 오늘 충격적인 내용을 배웠다.

금융소득(배당소득)이 연 2,000만 원을 초과하면 엄청난 건강보험료가 부과되고, 또한 종합소득세 과세대상도 된다는 것이다.

우리가 말하는 배당수익률은 세전 수치일 뿐이다. 건강보험료, 배당소득세, 금융소득 종합과세를 모두 제하고 나면, 실제 '내 통장에 남는 돈'은 전혀 다르다.

이 사실을 모르고 은퇴 후 배당소득으로만 살려는 사람은 한순간에 "건보료 폭탄"을 맞는다. 배당은 달콤하지만, 그 달콤함 뒤에는 세금과 사회보험료라는 현실적 쓴맛이 숨어 있다.

현명한 투자자는 숫자보다 제도를 본다. 이제 나는 SCHD 투자계획을 다시 세우고 있다. 배당투자는 연금저축·IRP·ISA 계좌에서만 하기로.

배당으로 생활하려면, 세금과 제도까지 계산한 "세후 캐시플로우"가 있어야 한다.
그 계산이 빠지면, 은퇴 후 현금흐름은 예상보다 훨씬 줄어드는 함정에 빠진다.

진짜 파이어족은 제도를 이해한 사람이다
SCHD나 JEPI는 훌륭한 배당 ETF다. 그러나 "세전 수익률"만 보고 은퇴를 설계하는 것은 위험하다. 진짜 파이어족은 높은 배당률보다 세후 현금흐름, 건보료, 세법 구조를 모두 고려한 사람이다.

해결책은?
노후를 위해 매년 1억 원의 배당을 받는다면, 일반계좌만으로는 전체의 30% 이상이 세금과 건강보험료로 빠져나간다. 결국 실수령액은 6,900만 원 남짓이다.

배당소득이 2,000만 원을 넘으면 종합과세 대상이 되고, 지역가입자로 전환되면 매달 80만 원대의 건보료까지 더해진다.

이 문제의 해법은 세제 혜택 계좌를 적극 활용하는 것이다. ISA, 연금저축, IRP를 조합하면 배당소득이 금융소득 종합과세 대상에서 빠지며, 연금 수령 시점에도 3~5% 수준의 저율과세만 적용된다.

노후자산의 본질은 '얼마 버느냐'가 아니라 '얼마 남기느냐'다.
세금 구조를 이해하고 활용하는 것이 진정한 부의 방어다.

5. 은퇴계좌(유배계좌)의 필요성

세 개의 계좌. 그리고 한 가지 깨달음

최근 나는 '은퇴계좌의 위력'을 새삼 깨닫는 사건을 겪었다. 나는 세 개의 주식계좌를 운영하고 있다. 그중 하나는 ISA 계좌, 그리고 나머지 두 개는 일반계좌다. 편의상 1번계좌(주계좌), 2번계좌(은퇴계좌)라고 부르자. 유튜버 소수몽키는 이런 장기보유용 계좌를 "유배계좌"라고 부른다. 말 그대로 "보내두고 잊는 계좌"다.

나의 은퇴계좌도 마찬가지다. 10년 뒤에 매도할 종목만 담는 계좌이다.

계좌를 자주 보지 않으면 생기는 놀라운 효과

나는 계좌를 거의 열지 않는다. 왜냐하면 한번 산 주식은 10년을 보유할 각오로 사기 때문이다. 그래서 1년에 매수를 몇 번 하지 않으며, 매도는 거의 없다.

매도는 단 두 가지 경우뿐이다. 기업의 본질이 변했을 때, 목표가 달성되었을 때이다.

그래서 1번계좌도 1년에 10번 정도만 열어본다. 계좌를 자주 보지 않으면 신기하게도 버티는 힘이 커진다. 화면을 닫는 것이 곧 인내를 만드는 셈이다.

"그럼 무슨 재미로 주식투자 하세요?"
친구들은 종종 묻는다. "그럼 주식투자는 무슨 재미로 해요?"

나는 늘 이렇게 답한다. "내가 산 주식에 대한 공부와, 새 종목을 발굴하는 과정 자체가 재미입니다." 사실이 그렇다. 좋은 기업을 미리 찾아두고, 그 기업이 '대폭 할인행사'를 할 때 매수하는 즐거움은 정말 크다.

이 원칙 하나만 제대로 지켜도 주식투자로 큰 부를 쌓을 수 있다. 요즘처럼 세상이 눈부시게 변하는 시대에는 새로운 기업을 공부하고 연구하는 것 자체가 투자다.

조비 에비에이션에서 얻은 교훈
며칠 전, 조비 에비에이션(Joby Aviation)이 유상증자 발표로 하루 만에 11% 하락했다. 나는 오히려 반가웠다. 유상증자는 기업의 성장에 필요한 '에너지 충전'이며, 이 11% 하락은 내겐 바겐세일이었다.

그래서 즉시 추가 매수를 결심했다. 추매 금액을 정하기 위해 전체 보유 주식을 확인했는데, 1번계좌의 조비 수익률은 +150%, 2번(은퇴)계좌의 조비 수익률은 +343%였다.

그때 문득 깨달았다. "시간이야말로 최고의 투자 파트너다."
나는 은퇴계좌의 수익률을 보며 장기투자의 위력을 다시금 실감했다.

장기투자의 진면목

조비를 처음 산 건 2022년이었다. 미국 금리 인상으로 성장주들이 90% 이상 폭락하던 시기였다. 그때 나는 조비를 비롯해 소형주 8개 종목을 발굴해 매수했다. 그 중에는 팔란티어(Palantir)도 있었다.

물론 모든 투자가 성공한 것은 아니다. 마이너스 80% 손실 종목도 3개나 있다. 하지만 반대로 100% 이상 오른 종목도 3개, 그중 팔란티어는 무려 +2,300% 수익률을 기록했다.

단타냐, 장투냐. 정답은 '자기 자신'

주식투자는 단타도 가능하고, 장투도 가능하다. 정답은 '자기 자신에게 맞는 방식'을 찾는 것이다.

나는 장기투자자다. 그래서 은퇴계좌(유배계좌)가 꼭 필요한 건 아니었지만, 더 오래 묻어둘 주식만 따로 모아 관리했다.

반대로 단타를 즐기는 투자자라도 은퇴계좌를 하나 만들어두길 권한다. 그 계좌는 "시간이 복리로 일하게 하는 곳"이 될 것이다.

은퇴계좌 운영의 핵심. 종목 선정
은퇴계좌(유배계좌)를 운영할 때 가장 중요한 것은 종목 선정이다. 자신이 가장 신뢰하는 기업, 10년 뒤에도 살아남을 기업만 담아야 한다.

그 주식을 사서 묵혀두면 된다. '시간'이 알아서 일을 해줄 것이다. "시간은 시장의 변덕을 이기는 유일한 방패다."

6. 금리의 중요성

금리는 주식, 채권, 부동산 등 모든 금융 자산의 가치를 결정하는 핵심 축이다. 금리 정책을 이해하지 못하면 시장의 흐름을 읽을 수 없다.

연준(Fed)과 기준금리
재테크를 함에 있어 가장 중요한 기준은 미국 연방준비제도(Fed)가 결정하는 미국 기준금리다. 이 금리가 전 세계 금융시장의 자금 흐름을 좌우하기 때문에, 연준의 움직임을 항상 주시해야 한다.

연준 구성
이사회는 7명의 상임(고정) 위원으로 구성되어 있다.
위원은 미국 대통령이 지명하고, 상원의 인준을 받아 임명된다.
FOMC는 투표권이 있는 위원(정원 12명)은 이사회의 7명 위원(고정) + 나머지 11개 연방준비은행(Fed District Banks) 총재 중 4명이 매년 회전 방식(로테이션)으로 투표권을 행사한다.
즉, 상임(항상 투표권 있는) 위원은 이사회 7명 + 뉴욕연준 총재 1명 = 8명이다. 나머지 4명은 매년 바뀌는 구조이다.

금리와 채권 가격의 반비례 관계
금리와 채권 가격은 정확히 반대로 움직인다. 이는 채권의 '수익률'을 일정하게 맞추기 위한 시장의 메커니즘이다.

금리 변화와 주식 시장의 관계

- **금리 상승 (긴축)** : 기업의 자금 조달 비용(대출 이자)이 높아지고, 미래 현금 흐름의 현재 가치가 하락한다. → 주식 시장 하락 압력
- **금리 하락 (완화)** : 자금 조달 비용이 낮아지고, 유동성이 시장으로 흘러 들어간다. → 주식 시장 상승 압력

물가 상승(인플레이션)은 화폐가치가 하락하고, 중앙은행은 이를 억제하기 위해 금리를 인상한다.

7. 핵심 투자 지표 및 금융 용어 해설

투자의 언어를 익히는 것은 시장을 해독하는 첫걸음이다. 다음은 기업의 가치와 시장의 흐름을 분석하는 데 필수적인 핵심 지표와 용어들이다.

기업 가치 평가 지표 (Valuation Metrics)

지표	공식	의미 및 활용
PER (Price to Earning Ratio, 주가수익비율)	주가 / 1주 당 당기순이익	**낮을수록 저평가**로 해석된다. 기업이 벌어들이는 이익 대비 주가가 몇 배인지 나타낸다. 다만, 성장 초기 기업은 PER이 높거나 마이너스일 수 있으므로 산업별/경쟁사별 비교가 필수다.
PBR (Price to Book Ratio, 주당순자산비율)	주가 / 1주 당 순자산	**낮을수록 저평가**로 본다. 만약 회사가 당장 청산될 경우, 주주들이 순자산 대비 얼마를 돌려받을 수 있는지(청산 가치)를 보여준다.
ROE (Return of Equity, 자기자본이익률)	당기순이익 / 자기자본	**높을수록 좋다.** 투입된 자기자본 대비 얼마의 이익을 창출했는지 보여주는 효율성 지표다. (워렌 버핏은 통상 15% 이상을 기준으로 삼는다.)
PSR (Price to Sales Ratio, 주가매출비율)	시가총액 / 연간 매출	회사의 시가총액이 연간 매출의 몇 배인지 나타낸다. (캔 피셔가 강조.) 이익이 나지 않는 **성장 초기 기업**이나 **SaaS 기업**의 가치 평가에 유용하다.

기업의 현금 흐름 및 수익성 지표

용어	설명	활용 통찰
FCF (Free Cash Flow, 잉여현금흐름)	영업 현금 흐름 - 자본적 지출 (CAPEX)	기업이 **자유롭게 사용할 수 있는 현금**을 말한다. 부채 상환, 배당, 자사주 매입 등 주주 환원에 실제로 쓸 수 있는 돈을 보여주므로, FCF가 높은 기업이 재무 건전성이 높다.
EBITDA (에비따)	이자, 세금, 감가상각비를 빼기 전의 이익	**기업 본업의 실제 수익성**을 파악하는 지표다. 감가상각비 등 회계적 요소와 세금, 이자 등 외부 요소 없이 **'영업 능력'**만을 비교할 때 유리하다. (단, 실제 현금 흐름은 아니다.)
조정 EBITDA	EBITDA에서 일회성/비반복적 항목을 제거한 지표	일회성 비용(예: 구조조정 비용, 소송 합의금)을 제외하여 **지속 가능한 핵심 수익력**을 더 정확히 판단할 때 사용한다.

시장 및 투자 상품 용어

용어	설명	투자 시 고려 사항
SaaS (Software as a Service)	소프트웨어 구독 서비스 모델. (예: 넷플릭스, 어도비)	높은 ARR을 바탕으로 장기적인 현금 흐름 예측이 가능하다. 초기 투자 비용이 크지만, 구독자가 늘면 한계 비용이 낮아져 마진율이 폭발적으로 증가한다.
ARR (Annual Recurring Revenue)	연간 반복 매출 또는 연간 고정 수익.	SaaS 기업의 가치를 평가하는 핵심 지표. 매출의 '질'을 보여주며, 매출액보다 ARR 성장률을 더 중요하게 본다.
ASP (Average Selling Price)	특정 제품 또는 서비스의 평균 판매 단가.	ASP가 상승했다는 것은 가격 결정력(Pricing Power)이 강하다는 의미이며, 이는 기업의 마진 개선에 매우 긍정적이다.
워런트 (Warrant)	특정 시점에 특정 가격으로 주식을 살 수 있는 권리 (일종의 옵션).	주가가 상승할 경우 큰 수익을 얻을 수 있지만, 주가 변동성이 크다.
메자닌 (Mezzanine)	채권과 주식의 중간 위험 단계에 있는 투자 방식 (CB, BW, EB 등).	장점: 주가 상승 시 주식 전환으로 이득, 하락 시 채권으로 원금 보장. 단점: 주식 전환 시 유통 주식수가 늘어나 기존 주주 가치가 희석되는 악재로 작용할 수 있다.
QE/QT	QE (양적완화): 중앙은행이 시장에 유동성을 공급. QT (양적긴축): 유동성을 회수.	시장의 돈의 양을 결정한다. QE는 자산 가격 상승을, QT는 자산 가격 하락 압력을 유발한다.

제5부. 투자의 완성. 거시경제 이해와 실용 지식 _ 177

8. 최소한 현금흐름표는 보고 투자하라

투자는 최소한 현금흐름표(Cash Flow Statement)를 보고 시작해야 한다. 재무상태표가 '현재 자산과 부채의 정지화면'이고, 손익계산서가 '이론상의 수익과 비용(발생주의)'을 보여준다면, 현금흐름표는 '실제 돈이 어떻게 움직였는지'를 알려주는 기업의 생명선이다.

발생주의의 허상과 실현주의의 현실
재무상태표나 손익계산서가 발생주의(Accrual Basis)를 취하는 반면, 현금흐름표는 실현주의(Cash Basis)를 따른다. 이 차이를 이해하는 것이 핵심이다.

- **발생주의** : 현금이 들어오지 않아도, 거래가 발생한 순간 수익으로 인식한다. (예: 외상 매출) → 기업의 성장성과 이익 구조를 빠르게 보여주지만, '종이 위의 이익'일 가능성(현금 부족)이라는 함정이 있다.
- **실현주의** : 현금이 실제로 들어왔을 때만 수익으로 인정한다. → 현실적이고 안전하지만, 기업의 성장 속도를 늦게 반영하는 경향이 있다.
- **교훈** : 손익계산서에 이익이 찍혀 있어도, 현금이 없으면 그 이익은 허상이다. 투자자는 숫자에 속지 말고, 돈이 실제로 움직이는 길을 봐야 한다.

현금흐름표 3가지 구성요소		
구분	설명	예시
1. 영업활동현금흐름 (CFO)	기업의 본업(영업활동)에서 발생한 현금 흐름	매출수금, 원가지급, 급여, 세금 등
2. 투자활동현금흐름 (CFI)	설비투자나 자산 매각 등 투자 관련 현금 흐름	기계구입, 부동산 취득, 자회사 매각 등
3. 재무활동현금흐름 (CFF)	자금조달이나 주주환원 활동에서 발생한 현금 흐름	차입금, 주식발행, 배당금 지급 등

투자활동 현금흐름은 설비투자 또는 지분투자를 한 경우 발생한다. (결국 -가 좋음)

재무활동 현금흐름은
- 돈을 모으는(빌리는) 행위(증자+대출+채권발행) & 돈을 갚는 행위
- 돈을 모으면(빌리면) + 이고, 돈을 갚으면 1이다(배당을 주어도 -)

구분	영업활동	투자활동	재무활동
우량기업(돈을 벌어, 투자하고, 돈을 상환)	+	-	-
성장기업(성장 투자자금이 부족, 유상증자등)	-	-	+
구조조정기업(현금흐름이 작다. 투자자산 회수하여 부채 상환)	+	+	-
재활기업(영업현금없다.)	-	-	+
위험기업(투자자산 매각하여 부채상환)	-	+	-
도산직전기업	-	-	-

〈표 출처. 차영주. 재무제표 투자의 힘. 124p〉

통상 외상매출 때문에 회계장부가 복잡해진 것이다. 강원랜드는 현금 매출이므로 간단하다.

매출채권(받을 돈, 미수금)이 적어야 하고, 매출액은 받은 돈이므로, 이게 많아야 한다. 매출하지 못하고 남은 것이 재고자산이다. 이것이 적어야 한다. 매출원가는 판매된 돈이다. 많아야 한다. 매입채무나 미지급비용은 부채지만 신용도 있다는 뜻이다.

9. 내가 생각하는 주식시장에서 '대바닥'을 잡는 6가지 신호

누구나 주식시장의 '바닥'을 잡고 싶어 한다. 하지만 그것은 거의 불가능한 일이다. 다만 시장이 완전히 무너졌을 때 나타나는 공통된 6가지 징후가 있다. 이 신호들이 동시에 보인다면, 지금이 바로 '대바닥 근처'일 가능성이 높다. 그래서 나는 주가가 하염없이 흘러내릴 때, 오히려 차분히 이 6가지를 관찰한다.

① **W자 형태의 바닥 : "이중바닥 신호"**
주가가 두 번 떨어졌다가 두 번째 바닥이 첫 번째보다 조금 높게 형성될 때가 이상적이다.
이것은 매도세가 점점 약해지고 매수세가 들어오기 시작했다는 뜻이다.
그래프가 알파벳 W처럼 보인다면, 그것은 바닥을 다지고 있다는 시그널이다.

② **다이버전스(Divergence)의 출현 : "가격은 내리지만 힘은 오른다"**
주가는 새로 저점을 찍는데, RSI나 MACD 같은 기술지표는 오히려 상승 전환을 보일 때가 있다.
이는 "가격은 내리지만 힘은 이미 바닥을 쳤다"는 의미다.
이 다이버전스가 나타나면, 반등이 임박했을 가능성이 높다.

③ **박스권 상단 돌파 : "침묵의 끝"**
주가가 일정한 범위(박스권) 안에서 오랫동안 갇혀 있다가, 어느 날

그 상단을 강하게 돌파하면 의미가 다르다.
이것은 바닥을 다지고 새로운 추세가 시작되는 순간이다.
특히 돌파 시 거래량이 폭발적으로 증가하면, 그 신호는 더욱 신뢰할 만하다.

④ 이동평균선의 수렴 : "폭풍 전의 고요"
5일선·20일선·60일선 등 각기 다른 이동평균선이 한 지점에 모이기 시작하면, 이는 매도세와 매수세가 균형을 이루고 있다는 뜻이다.
이 평형이 깨지는 순간, 방향이 위로 터지면 강한 상승장이 시작된다.
즉, 이평선의 수렴은 상승 직전의 고요한 징조다.

⑤ 거래량 급증 + 긴 양봉 : "큰손의 귀환"
장기간 하락하던 주가가 어느 날 갑자기 거래량이 폭발하며 긴 양봉을 그린다면,
이는 기관·외국인 등 큰손이 들어왔다는 신호일 가능성이 크다.
거래량은 진심이다.
차트에서 거래량이 터지는 순간은, 절대 그냥 지나쳐선 안 된다.

⑥ PER·PBR의 극단적 저평가 : "공포가 기회가 되는 구간"
과거 5년간의 평균 PER(주가수익비율)과 PBR(주가순자산비율)보다 현재 수치가 현저히 낮다면,
그 기업은 시장에 의해 과도하게 저평가되고 있을 가능성이 크다.
이때는 '가격 리스크'보다 기회 리스크가 더 크다.
즉, 사지 않는 것이 오히려 위험한 시점이다.

결론. "공포의 끝을 읽을 줄 아는 사람"
바닥은 누구도 정확히 알 수 없다. 그러나 신호는 존재한다. 차트의 모양과 거래량의 변화, 심리의 균열 속에서 '공포의 끝'을 읽을 줄 아는 사람만이 진정한 수익을 얻는다.

10. 계절적 약세인 8월, 9월과 그리고 산타랠리

미국 주식 시장에는 '8월과 9월이 약세장'이라는 계절적 패턴이 지난 35년간 통계적으로 관찰되었다. 이는 흔히 "9월 효과(September Effect)"라고 불린다.

8월, 9월 약세의 배경과 투자 기회
S&P500 지수의 월별 수익률 통계를 보면, 9월은 역사적으로 평균 수익률이 가장 낮은 달로 기록되는 경우가 많다. 8월 역시 기대 수익률이 낮은 달 중 하나다.

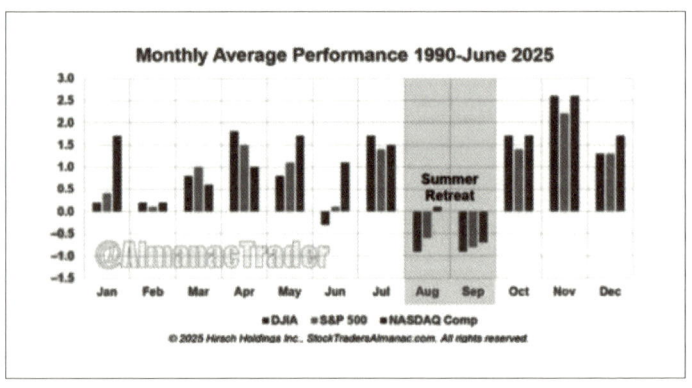

이 약세는 특별한 경제적 요인보다는 투자자들의 심리적 요인과 계절적 흐름이 복합적으로 작용한 결과로 해석된다.

여름 휴가로 인해 8월은 거래량이 줄어들면서 시장의 변동성이 커지기 쉽다.

9월은 기관 투자자들이 연말 포트폴리오를 재조정하거나 손실을 정리하는 움직임(세금 관련 매도)이 집중되는 경향이 있다.

투자 기회로 해석하라
이러한 계절적 약세는 투자자에게 역설적인 매수 시기를 제공한다. 시장의 비합리적인 하락은 장기적인 관점에서 우량주를 저렴하게 매수할 수 있는 기회이기 때문이다.

펀더멘털에 문제가 없는 종목이 계절적 요인으로 인해 일시적으로 하락한다면, 이를 분할 매수의 기회로 활용해야 한다. 시장의 공포에 휩쓸리지 않고 '싸게 살 수 있는 찬스'로 봐야 한다.

소수 의견. 200일 이동평균선의 중요성
모든 약세론 속에서도 시장의 추세를 분석하는 기술적 관점도 존재한다.
소수설은 S&P 500 지수가 200일 이동평균선(200-Day Moving Average) 위에 있을 경우, 8월과 9월에도 약세 패턴을 무시하고 상승 추세를 이어갈 가능성이 높다는 견해다.

200일선은 이는 장기 추세를 나타내는 지표로, 주가가 이 선 위에 있다는 것은 시장의 '장기적인 힘'이 여전히 강하다는 것을 의미한다.

전략적 판단
계절적 약세(8월, 9월)를 매수 기회로 활용하되, 시장의 전체적인 추세는 놓치지 말아야 한다.

단순히 통계에만 의존하기보다는, 시장의 펀더멘털과 매크로 환경, 그리고 장기 추세 지표를 종합적으로 고려하는 것이 현명한 대응이다.

산타랠리

산타 랠리(Santa Rally)는 통상적으로 매년 마지막 5거래일과 새해 첫 2거래일 동안 미국 주식 시장, 특히 S&P 500 지수가 강세를 보이는 현상을 말한다.

이는 주식 시장의 일종의 계절적 패턴으로, 그 발생 원인에 대해서는 여러 가지 설이 존재합니다. 주요 요인으로는 연말 보너스를 받은 투자자들의 자금 유입, 세금 관련 손실 매물 출회 후 나타나는 반등, 기관 투자자들이 연말 휴가를 떠나 거래량이 줄어들면서 발생하는 소규모 매수세의 영향력 증가 등이 꼽힌다.

또한, 새해에 대한 낙관적인 기대감과 명절 분위기에 따른 심리적 요인도 시장에 긍정적인 영향을 미치는 것으로 분석된다.

역사적으로 볼 때 이 기간의 주가 상승률이 연중 다른 기간보다 높았다는 통계적 사실이 존재하며, 많은 투자자들에게 연말연초의 기분 좋은 기대를 심어주는 현상이다. 다만, 이는 통계적 경향일 뿐 반드시 매년 발생하는 것은 아니므로 투자 시 신중한 접근이 필요하다.

11. 유상증자 대응방법

주주가치 희석률 확인 (발행될 주식 수)
가장 먼저 확인해야 할 것은 희석률이다. 발행될 신주가 기존 총 주식 수에서 차지하는 비율을 계산해야 한다.
- **원칙** : 전체 주식 수의 30%를 유상증자한다면, 주주가치는 이론적으로 30% 하락한다.
- **대응** : 희석률이 높을수록 단기적인 주가 하락 압력은 커진다. 이 수치를 확인하고 감수할 수 있는 수준인지 판단해야 한다.

자금조달의 목적 분석 (가장 중요)
유상증자의 목적은 해당 증자가 '성장 투자'인지, 아니면 '재정 위기 신호'인지를 가르는 결정적인 단서다.

시설자금(설비투자), 영업양수자금(M&A), 운영자금(사업운영, 인건비 지급을 위한 자금), 채무상환자금(빚 갚는 데 필요한 자금) 등의 마련을 위해서다.

시설자금은 설비투자를 위한 자금이고 성장을 위한 목적이기 때문에 중장기적으로는 호재로 인식되는 경우가 있어, 단기하락 후 빠르게 복원되기도 한다.

기존 설비로는 늘어나는 수요에 감당할 수 없어서 증설하는 경우에는 사업보고서에서 공장가동률을 확인하여 판단 가능하다.

호재로 인식하고, 참여하는 것이 좋다.

그러나 '팔도 꼬꼬면'처럼 인기가 좋아서 공장을 새로 지었는데 그동안 인기가 팍 식어버린 경우도 있다. 이런 경우는 실패한 투자라고 볼 수 있다.

목적이 운영자금, 채무상환자금인 경우는 악재이다.

증자 방식의 전략적 의미 해석
누구를 대상으로 신주를 발행하느냐에 따라 주가에 미치는 영향과 이후의 리스크가 달라진다.

- **주주배정** : 기존 주주를 대상으로 한다. 가장 일반적인 방식이다.
- **일반공모** : 모든 투자자를 대상으로 한다. 특별한 전략적 의미는 없다.
- **3자배정** (가장 주목) : 주주가 아닌 특수관계인이나 전략적 투자자를 대상으로 한다.
- **3자배정 중 호재로 인식되는 경우** : 대기업 등 전략적 파트너가 지분 투자를 할 때다. 1년간 보호예수가 걸려 유통 주식 수 증가를 막고, 대기업과의 파트너십 효과까지 누릴 수 있다.
- **3자배정 중 잠재적 악재** : 투자자가 사모펀드(PEF)나 외국계 투자회사인 경우, 1년 뒤 주가가 발행가 이상이면 차익 실현을 위해 시장에 매도(엑시트)할 가능성이 높다. 투자 주체의 성격을 반드시 파악해야 한다.

결론. 단순한 가격이 아닌 회사의 전략을 읽어라

유상증자 발표는 대개 단기적인 매도 기회를 유발하지만, 중요한 것은 이 자금이 회사의 미래 성장(시설자금)에 베팅하는 것인지, 아니면 현재의 위기(운영자금, 채무상환)를 막는 것인지 판단하는 것이다. 전자는 조정 후 반등 가능성이 높지만, 후자는 기업의 근본적인 문제일 가능성이 크다.

12. 인수합병 예상시 투자방법

M&A는 기업 가치에 즉각적이고 극적인 변화를 가져오는 이벤트다. 예상 시점에 어떻게 포지션을 취하느냐가 수익률을 결정한다.

M&A 시 투자 원칙. 피인수기업에 베팅하라
인수합병이 발생하면 주가는 보통 다음과 같은 패턴을 따른다.

피인수기업(Target)은 상승한다. 인수기업은 주주들에게 현재 주가보다 높은 프리미엄(인센티브)을 제공해야 인수 성공 가능성이 높아진다. 따라서 피인수기업 매수가 일반적으로 유리하다.

인수기업은 하락한다. 대규모 자금 조달(부채 또는 신주 발행) 부담이 생기거나, 통합 과정에서 리스크가 발생할 수 있다는 우려로 인해 단기적으로 주가가 하락하는 경향이 있다.

따라서 M&A가 예상되거나 발표되는 시점에서는 피인수기업에 베팅하는 것이 통상적인 투자 전략이다.

예외 사례 분석. 조비 에비에이션 - 블레이드 인수 (Win-Win)
2025년 8월 6일 조비 에비에이션은 블레이드를 인수했다. 결과는 두 회사 모두 주가가 급등했다.

조비 에비에이션이 헬리콥터 기반 항공 모빌리티 서비스 기업인 블레이드를 약 1,736억 원(1.25억 달러)에 인수했다. 이는 블레이드 시가총액의 절반 이하 수준이다.

피인수기업(블레이드)은 상장 후 주가가 60% 폭락하며 자금난을 겪고 있었기 때문에, 조비의 인수는 사실상 '구명줄' 역할이었다.

인수기업 (조비)은 강력한 자본력(토요타, 델타항공 등 투자)을 바탕으로 이미 우버의 '엘리베이트' 부문을 인수한 경험이 있다. 블레이드까지 흡수함으로써 미국 도시 항공 이동(UAM)의 핵심 인프라를 빠르게 손에 넣는 데 성공했다.

M&A 투자자의 전략적 시각

M&A 예상 시, 단순하게 '피인수기업이 오른다'는 원칙에만 기대지 말고 다음과 같이 판단해야 한다.

- **인수기업 투자 조건** : 인수 가격이 피인수기업의 전략적 가치에 비해 현저히 낮고(헐값 인수), 인수를 통해 경쟁 우위와 독점적 지위가 강화되며, 시너지가 명확할 때만 인수기업 매수를 고려해야 한다.
- **피인수기업 투자 조건** : 피인수기업이 절박한 상황(자금난 등)이라도, 그 기업이 보유한 자산(기술, 고객, 인프라)이 인수기업의 성장 로드맵에 필수적이라고 판단될 때 안전하게 베팅할 수 있다.
- **핵심** : M&A는 인수 가격과 시너지 효과에 대한 시장의 해석에 따라 주가 흐름이 결정된다.

조비 사례는 '헐값 인수 + 강력한 시너지'라는 최적의 조합이 인수기업의 주가까지 끌어올린 예외적인 성공 사례다.

13. 환전 타이밍 잡기. 수수료와 시장을 이해하라

환전 시점은 단순히 '환율'만 보는 것이 아니다. 수수료와 환전이 이루어지는 시장을 파악해야 불필요한 비용 지출을 막을 수 있다.

환전 시장의 종류와 비용 차이
네가 알고 있듯이, 환전 수수료는 시간대에 따라 달라진다. 이는 환전이 이루어지는 시장이 다르기 때문이다.

영업시간을 활용하라
미국 주식을 거래할 때 밤에 환전하면 수수료가 비싼 이유가 바로 '야간 가산 스프레드' 때문이다. 주식을 매수하기 전에 영업시간(한국 시간 9시~16시)에 미리 환전해 두는 것이 가장 저렴하다.

환전 전략 체크포인트
① 주거래 증권사의 '우대율'을 활용하라
환전 수수료는 증권사나 은행마다 다르며, 고객 등급이나 거래 실적에 따라 환율 우대율이 달라진다.

주거래 금융사를 통해 최대 우대율(90% 이상)을 확보하면, 환전 비용을 극단적으로 낮출 수 있다.

② '분할 환전'으로 환율 변동 리스크를 줄여라
환율 예측은 주가 예측만큼 어렵다. 따라서 목돈을 한 번에 환전

하는 것은 환율 변동 리스크에 노출되는 행위다.

매수 계획에 맞춰 환전할 자금을 여러 번 나누어 환전하는 것이 심리적 안정과 리스크 분산에 유리하다.

③ 달러가 생겼을 때 바로 '원화'로 환전하지 마라
미국 주식을 매도하고 달러 현금이 생겼다면, 이를 원화로 바로 환전하지 말고 달러 예수금 상태로 두는 것이 좋다.
이유는 다음 주식 매수 시 환전 과정을 생략할 수 있고, 만약 원/달러 환율이 상승할 경우 환차익을 기대할 수 있다. 달러 예수금은 수수료 없이 달러 입출금통장(CMA 등)으로 옮겨 이자를 받을 수도 있다.

14. 상장 초기 기업 매수 원칙. 위험을 피하고 타이밍을 잡아라

미국 시장에 새로 상장하는 기업, 특히 혁신 기술을 가진 적자 기업에 투자할 때는 '상장 직후 매수를 피하는 것'이 핵심 원칙이다. 상장 초기에는 거품과 변동성이 극심하기 때문이다.

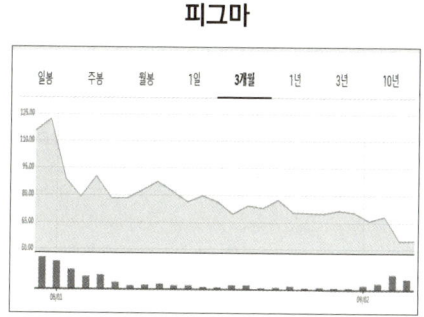
피그마

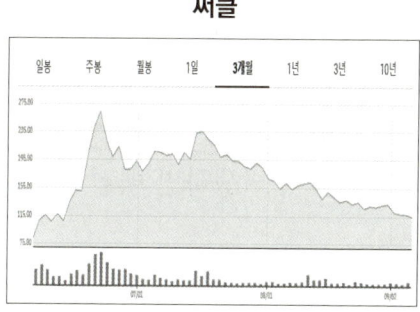
써클

상장 직후 매수를 피해야 하는 이유

미국 기술 기업들은 IPO(기업공개) 또는 SPAC 합병 직후 다음 두 가지 패턴 중 하나를 따르는 경우가 압도적으로 많다.

- **초기 급등 후 급락** : 상장 직후 '미래 성장성'에 대한 기대감으로 급격히 상승했다가, 실적이나 시장 환경 변화에 따라 거품이 꺼지며 폭락하는 패턴.
- **지속적인 하락** : 상장 시점부터 시장의 냉정한 평가를 받으며 주가가 지속적으로 하락하는 패턴.

대부분의 경우, 상장 가격은 미래 가치를 선반영하여 과대평가된 상태이며, 이 거품이 꺼지는 데 최소 6개월에서 2년까지 소요될 수 있다. 이 기간에 매수하는 것은 극심한 손실과 기회비용 낭비를 초래한다.

매수 타이밍을 잡는 기준

단순히 하락했다고 매수하는 것이 아니라, 주가가 바닥을 다지고 상승으로 추세 전환하는 시그널을 확인해야 한다.

- **하락 추세 종료** : 주가가 장기 이동평균선(예: 200일선) 근처에서 횡보하거나, 주요 저항선을 돌파하는 시점을 포착한다.
- **거래량 폭증** : 기술적 바닥권에서 대규모 거래량을 동반한 상승이 발생하면 매집 신호로 해석할 수 있다.

펀더멘털 개선 확인 (재무/산업 지표)

적자 기업이라도 '적자 폭이 줄어들거나(Loss Narrowing)' 혹은 '매출 성장 속도가 가속화(Revenue Acceleration)'되는 지표를 확인해야 한다.

신뢰할 만한 대형 고객과의 계약이 발표되어 시장 지배력이 입증되는지 확인해야 한다. (예: 프로테라처럼 막연한 기대가 아닌, 구체적인 수주 물량 확인)

상장 초기 기업 투자의 성공 공식

성공적인 상장 초기 기업 투자는 '장기적인 믿음'과 '냉정한 가격 판단'의 결합에서 나온다.

해당 기업이 '인간의 삶을 바꾸는 세계 1등 기업'이 될 것이라는 확신을 가지고 장기적인 공부를 지속한다.

상장 직후의 거품이 빠진 후, 시장의 외면으로 주가가 폭락했을 때, 위에서 제시한 기준들을 충족하는 시점에 분할 매수로 진입한다.

이 원칙을 지키지 않으면, 프로테라와 같이 장밋빛 미래만 보고 진입했다가 상장폐지를 경험할 수 있다. 반면, 팔란티어처럼 상장 후 2년 가까이 하락하며 시장의 외면을 받았을 때 매수한 것은 '장기적 확신과 좋은 가격의 결합'의 성공적인 예시다.

15. 회사 탐방 방법. 발품과 정보의 교차 분석

투자할 기업의 실질적인 상황을 파악하는 가장 좋은 방법은 현장 탐방(Site Visit)이다. 재무제표에 잡히지 않는 '기업 문화'와 '생산성'을 측정하는 핵심 방법론이다.

국내 주식. '생활형 탐방'과 핵심 질문
회사 근처를 방문하는 생활형 탐방은 가장 저렴하고 효율적인 정보 수집 방식이다.

회사 수위 또는 말단 직원에게 물어봐라. 차량 출입이 많은지, 사람들 분위기는 어떤지, 월급은 제때 나오는지, 직원들 만족도는 어떤지

가장 낮은 위치에 있는 사람(수위, 경비원)에게서 나오는 정보일수록 여과되지 않은 진실일 가능성이 높다. 이들은 회사의 가장 기본적인 운영 상황을 체감하는 사람들이다.

탐방 대상	질문 및 관찰 포인트	핵심 의도 (무엇을 알고 싶은가?)
수위, 경비원, 말단 직원	* 차량 출입량: 평일/주말, 주간/야간 출입 차량이 얼마나 많은가? (생산/영업 활력)	* 실질 가동률 및 수요: 공장 또는 사무실의 실제 바쁜 정도를 확인.
직원들 분위기	* 표정, 복장, 이직률: 직원들의 표정은 밝은가? 야근이 잦은가? (월급은 제때 나오는지 질문)	* 기업 문화 및 이탈률: 직원의 만족도는 곧 기업의 생산성과 직결된다.
인근 상권	* 점심시간 식당 분위기: 직원들이 활발하게 소비하는가? 인근 식당 메뉴는 다양한가?	* 회사의 재정적 안정성: 월급이 안정적으로 지급되고 있는지 간접 확인.

해외 주식. '비판적 정보'를 찾는 법

미국이나 해외 주식은 직접 탐방이 사실상 불가능하므로, '비관적인 의견'과 '불편한 진실'을 찾아내는 것이 핵심이다.

Reddit, Twitter(X) 등에서 '부정적 키워드' (예: [회사 이름] + 'Layoff', 'Quit', 'Bug', 'Failure', 'Short')를 중심으로 검색한다.

직원 리뷰 사이트인 Glassdoor에서 현직 및 전직 직원들의 익명 리뷰를 확인한다. 회사 경영진, 워크로드, 급여 만족도 등의 평점을 통해 기업 문화와 리더십의 문제를 간접적으로 파악할 수 있다.

탐방의 궁극적인 목표

단순히 '좋다·나쁘다'를 판단하는 것이 아니라, 네가 가진 가치 판단의 근거를 보완하는 것이 목표다.

재무제표는 좋지만 현장 분위기가 침체되어 있다면 '일시적인 붐'일 수 있다. 반대로 재무는 불안정하지만 현장의 활력이 넘친다면 '성장 직전의 임계점'일 수 있다.

탐방은 투자를 최종 결정하기 전, 마지막 위험 신호를 포착하는 안전장치로 활용해야 한다. 현장에서 불길한 징후를 발견했다면, 아무리 숫자가 좋아도 일단 투자를 보류해야 한다.

16. 사건과 투자 연결 훈련. 비합리성을 읽는 통찰력

시장은 종종 비합리적이며, 특정 사건이 예상치 못한 분야에 연쇄적인 영향을 미친다. 투자자는 이 숨겨진 논리적 연결 고리(Chain Reaction)를 포착해야 기회를 잡을 수 있다.

사건-투자 연결의 논리적 고리 분석

사건 (Event)	논리적 연결 (Hidden Logic)	투자 결정 (Trade Action)
체르노빌 사고 발생	원자력 발전소 가동 축소 → 단기적 대체 에너지 수요 증가 → 대체 발전원인 화력발전 비중 증가	원유(Crude Oil) 또는 천연가스 관련 주식 매수
브라질에 심각한 가뭄	커피 원두 수확량 감소 → 커피 선물 가격 상승 → 스타벅스 등 대형 커피 체인의 원가 압박 증가 (또는 원두 재고 확보 경쟁 심화)	스타벅스 주식 매수 (단기 리스크 회피) 또는 커피 선물 매수

이러한 연결 고리는 주로 대체 효과(Substitution Effect)와 공급망(Supply Chain)의 압력이라는 두 가지 논리로 움직인다. A 자원이 사라지면, 투자자들이 B 자원에 몰린다. 특정 지역의 원자재 공급 문제가 전 세계 최종 소비자 제품의 가격이나 마진에 영향을 미친다.

17. 부자가 되는 방법론. 사람, 통찰, 그리고 운

부자가 되는 길은 단순히 돈을 모으는 기술이 아니라, 인생을 대하는 태도와 사람을 대하는 방식에서 시작된다. 다음은 부를 이루기 위해 반드시 체화해야 할 핵심 원칙이다.

사람을 통해 부(富)를 확장하라
돈은 결국 사람을 통해 흐른다. 좋은 사람을 곁에 두는 것이 성공의 가장 빠른 지름길이다.

필수 인맥을 구축하여야 한다. 살면서 반드시 필요한 전문가 그룹을 옆에 두어야 한다. 변호사, 의사, 경찰, 세무사, 감정평가사, 공인중개사, 그리고 시대를 읽는 진짜 리더가 그들이다.

주식, 부동산, 본업, 삶의 각 분야에서 평소 멘토를 만들고, 그들의 조언을 믿고 따른다. 멘토를 만들기 위해서는 자신의 가치를 키우거나, 최소한 그들에게 다가갈 용기라도 가져야 한다. (예: 멘토의 책 오타를 찾아주는 정성과 노력)

일상 속 통찰을 돈으로 연결하라
주변을 늘 살피고, 일상의 관찰에서 투자 기회를 포착해야 한다.

네가 즐겨 소비하는 제품이나 서비스가 있다면, 단순한 사용자에 머물지 말고 그 기업의 주식을 먼저 사야 한다. (예: 불닭볶음면 삼

양식품 주식, 테슬라 자동차 테슬라 주식)

다르게 생각하는 힘을 키워야 한다. 모든 사람이 '악재'라고 생각하는 곳에서 '미래의 기회'를 읽어내야 한다.

정주영 회장은 소양강댐 건설로 압구정동 홍수 문제가 해결될 것을 예상하고, 당시 헐값이었던 땅을 매수하여 현대 그룹의 모태를 만들었다. 대다수가 보는 단기적인 문제가 아닌, 구조적인 변화의 수혜를 읽어내야 한다.

돈 그릇을 키우고 원칙을 고수하라

진정한 부자는 돈을 버는 기술을 넘어, 그 돈을 담을 수 있는 '돈 그릇의 크기'를 키운 사람이다. 돈 그릇이 작으면 로또 당첨과 같은 횡재가 오히려 불행이 된다. 돈을 유지하고 관리할 수 있는 능력을 키우는 것이 중요하다.

주식 투자 3대 원칙

주식으로 부자가 되기 위해서는 단순하지만 강력한 세 가지 원칙을 지켜야 한다.

① **좋은 주식 찾기** : 시대를 리드하는 혁신 기업을 열심히 찾는다.
② **싸게 사기** : 적절한 가격 혹은 시장의 공포 속에서 매수한다.
③ **무식하게 버티기** : 불필요한 변동성에 흔들리지 않고 장기적인 믿음으로 버텨낸다.

긍정의 힘으로 운을 끌어당겨라

궁극적으로 성공한 사람들은 운(運)이 따랐다고 믿는다. 중요한 것은 운을 기다리는 것이 아니라, 스스로 운을 만드는 태도다.

"나는 늘 운이 좋다"는 사고를 가지고, 매사를 긍정적으로 보고 행동하는 것이 중요하다.

매일 아침 "나는 운이 좋다", "나는 행복하다", "나는 부자다"라고 큰 소리로 외치는 자기 암시는 성공을 끌어당기는 에너지를 만든다.

부록

변호사의 부동산 투자, 실패에서 배운 진짜 교훈

 # 변호사의 부동산 투자, 실패에서 배운 진짜 교훈

1. 첫 번째 실패 이야기

내가 처음 마련한 집은 수원에 있는 경기대 근처에 보증금 200만 원에 월20만 짜리 집이었다. 그 이후 수원버스터미널 근처에 있는 00아파트에 전세를 얻었다. 거기서 2년을 살다가, 처음으로 집을 매수했다.

수원시청 부근에 있는 갤러리백화점 옆에 있는 1동짜리 주상복합이었고, 게다가 맨꼭대기층이었다. 이 집을 사게 된 이유는 간단하다. 집에 대해 너무나 몰랐기 때문이다. 그저 새집이었고, 넓고, 게다가 잔금(전체 금액을 절반)을 2년 후에 내는 조건이었다. 그런데 그 집을 보러 갔을 때 선배 한 분이 같이 집을 보았다. 그 선배는 당연히 그 집을 사지 않았다. 그 이후 나는 그 선배를 많이 원망했다. 내게 사지 말라고 조언을 해주지 않은 것에 대한 원망이다.

맨꼭대기 층이라 층간 소음은 없지만, 대신 여름에는 덥고, 겨울에는 추웠다. 큰 도로 옆이라 차 다니는 소음도 컸다. 그리고 주위는 온통 술집이었다. 학교는 당연히 없었다. 한동짜리 주상복합 아파트라 대부분 나이가 많으신 분들이 살아서 아파트에 어린이가 없었다. 한마디로 애를 키우기에는 최악의 조건이었다. 그리고 관리비도 비쌌다.

당시 그 집은 분양이 안되어 몇 년째 빈집이었고, 그래서 잔금을 2년 후에 납부하는 조건을 건 집인데도, 아무것도 모르는 바보라서 덜컥 사버린 것이다. 당시 그 집을 살 가격이면 수원에 대단지이고 학교가 옆에 있는 좋은 아파트가 많았다. 무지가 낳은 최악의 선택이었다. 그때는 정말 몰랐다. 한동짜리 주상복합아파트를 산 대가가 얼마나 클 것인지.

딸을 초등학교에 보내야 해서 부득이 이사를 결심했다. 부동산에 집을 내 놓았으나, 문의 전화 한통이 없었다. 그렇게 1년이라는 세월이 속절없이 흘렀다. 그러다가 문득 방법을 바꾸어 보기로 했다. 당시 벼룩시장과 교차로가 유행이었는데, 강남지역에다가 매도 광고를 실었다. 그러자 한 분이 연락이 왔다.

그런데 매수조건이 정말 최악이었다. 내가 산 가격에서 7천만원을 할인하여야 하고, 그것도 자기는 계약금밖에 없어서 잔금은 은행에서 대출을 받아 주겠다는 거였다. 2년 전에 산 아파트를 7천만원을 할인을 하여 매도를 하려니 눈물이 앞을 가렸다. 그래도 애를 학교에 보내야 하므로 할 수 없이 팔았다.

여기서 큰 교훈을 얻었다. 절대로 한 동짜리 주상복합아파트를 사서는 안된다는 거였다.

그래서 교보문고에 가서 아파트에 관한 책을 5권을 사서 읽었다. 결론적으로 간단했다. 나중에 쉽게 팔기 위해서, 그리고 가격이 오르기 위해서는 무조건 아파트를 사야 하고, 대단지이고, 역세권이자, 학세권 아파트를 사면 되는 것이었다.

2. 두번째 실패(?) 이야기

다시 2번째로 아파트를 매수했다. 이번에는 첫 번째와는 달랐다. 이미 공부를 해서 어떤 아파트를 사야 할지 알고 있었으므로, 수원에서 가장 인기가 많고, 가격이 비싼 아파트를 선택했다.

바로 영통 OO아파트다. 최고 브랜드에, 대단지이고, 2개 전철역 초역세권이고(바로 단지 입구가 전철역이다), 공원이 옆에 있고, 학교도 아파트에 붙어 있고, 신도시이고, 모든 것이 완벽했다. 나는 영통 OO아파트 중에서도 가장 선호하는 로얄동과 로얄층을 골랐다. 이 정도면 잘 산 것이다.

그런데 왜 실패기일까? 완전 실패는 아니지만, 성공도 아니다.

그 당시에 수원에 살던 동료 2분이 나와 같이 아파트를 사려고 했다. 그 2분은 서울 대치동 소재 아파트를 샀다. 그런데 나는 수원 영통아파트를 샀다. 2000년도에 같이 매수를 하였는데, 내 아파트는 지금 10억원이고, 2분이 산 아파트는 50억원이다. 무려 40억원의 가격 차이가 난다. 물론 매수가격 차이는 조금 난다. 나는 당시 돈도 있어 대치동 매수는 아무런 문제가 안되었다.

그런데도 나는 수원을 선택한 것이다. 이유는 간단했다. 당시 내 사무실이 수원에 있으니(지금은 서울에 있다), 나는 당연히 출근이 편한 수원을 택한 것이고, 2분은 서울에서 출퇴근을 하지만, 미래를 보았고, 그리고 교육환경을 본 것이다. 대치동은 학원이 밀집하여 있다. 그리고 아파트에 사시는 분들의 재력이 달랐다. 부자가 되고 싶으면 부자를 만나야 한다는 매우 평범한 진리를 나는 출퇴근의 편리함만 생각한 나머지 잊었던 것이다. 그리고 무엇보다도 애들 친구가 다르다.

지인 사례이다. 지인은 2,000년 자양동 아파트를 매수했다. 매수 이유는 새 아파트이고, 한강변이라는 것이다. 당시 지인은 은마아파트도 매수대상으로 보았는데, 은마아파트는 낡았기 때문에 매수하지 않았는데, 은마아파트가 자양동 아파트에 비해 3천만원정도 비싼 정도였다. 그런데 25년이 흐른 지금 아파트 가격차이는 너무 크다.

여기서 얻은 교훈은 더 넓게 생각하라는 것이었다. 우물 안만 보지 말고. 출퇴근이라는 우물을 벗어나야 한다는 것이다. 출퇴근을 진짜 중시한다면 서울 대치동에 집을 산후 전세를 주고, 나는 영통에 전세를 얻으면 되는 것이다. 그 간단한 이치를 깨닫지 못해 25년 후 어마무시한 차이가 난 것이다. 이때 멘토가 없어, 조언을 구하지 못한 게 너무 아쉽다.

다행히 나는 나의 잘못을 10년 동안 모르고 있다가 2010년에야 좋은 친구(공인중개사)를 만나 잘못을 깨닫고, 나의 잘못을 바로 잡기 위해 노력을 하였고, 중요한 것은 실천을 한 것이다. 부자로 가는 길에 있어서 진짜 좋은 사람을 만난다는 것이 얼마나 중요한 것인지 실감을 했다. 부동산 재테크에 성공을 하기 위해서 최고의 공인중개사를 만나는 것은 필수이다.

3. 성공 이야기

나는 좋은 친구를 만난 덕택에, 2010년 방배동에 대지 7평짜리 빌라를 매수했다. 당시에는 강남을 중심으로 단독주택 재건축이 허용되었다. 지금은 단독주택 재건축은 없어졌다. 그런데 내가 사자마자 빌라는 내가 산 가격에서 무려 5천만원이나 하락하여, 그 가격이 무려 7년간 유지되었다. 당시에 나는 지인들에게 돈 벌고 싶다면 내가 산 재건축구역에 투자를 하라고 하였는데, 다행히도(?) 아무도 사지 않았다. 아마 지인이 매수를 하였다면 꽤나 원망을 들을 뻔 했다.

그럼에도 난 아무 걱정 없이 보유했다. 이는 내가 공부를 바탕으로 한 확고한 믿음이 있기 때문이었다. 강남에 위치하고, 4개 역세권이고, 산도 하나 끼고 있고, 초품아 아파트이고(지금은 초품아는 인구감소로 좌절), 강남의 고질병이 홍수인데 지대가 높아 홍수 걱정도 없고, 최고 브랜드이고, 무려 3,100세대의 대단지이고, 일반분양분이 조합원수의 2배에 이른다. 그런데도 그 가치를 잘 모르는 분들은 단지 가격이 하락하였다는 이유로 7년간 암흑기에 많이 매도한 것으로 기억한다.

지금은 이 아파트 가격도 폭등을 하였다. 결국 16년을 기다린 결과이다.

4. 세 번째 실패 이야기

그런데 대성공이었지만, 또 다른 실패 이야기가 있다. 나는 이미 영통에 아파트를 보유하고 있었으므로, 1가구1주택을 훼손하기가 싫어서, 법인을 설립하여 법인 명의로 방배동 집을 매수했다. 법인으로 매수하면 여러 가지 장점이 있다. 매도시 양도소득세를 내지 않고 법인세를 내고, 다주택자로 되지도 않는다. 또한 경비 처리도 된다. 그런데 문제는 법인의 지분을 모두 내가 보유한 것이다.

처음부터 딸에게 일정 금액을 증여하고, 딸 명의로 법인을 설립하는 것이 정답이었다. 그리고 집 매수자금은 내가 법인에게 대여해 주면 되는 것이다. 그러면 그 집은 사실상 딸 집인 것이다. 그러면 상속문제가 애초부터 발생하지 않는 것이다.

그런데 나는 내 명의로 법인을 설립하였으므로, 이제는 집값이 오르기 전에 미리 증여를 하여야 했다. 7년간 집값이 하락하여 있었으므로, 증여세 부담이 매우 적었다. 그런데 법인 설립 당시에는 아예 증여 생각을 못했다. 증여 생각을 한 이후에도 나는 차일피일 미룬 것이다.

그 결과 집값은 상상을 초월하게 올라서 증여세 부담은 어마무시하게 되었다. 결국 올해 초에 엄청난 증여세를 내고 법인 주식을 증여했다. 무지와 게으름이 나은 결과이다. 세금을 냈으니 국가에 충성은 한 셈이다.

5. 한국 부동산에 대한 사견

그동안 우리나라는 고도성장을 지속했다. 이는 당연히 부동산 가격 증가로 이어져, 아무 부동산이나 다 오르는 상황이었다. 그러나 지금은 저성장 또는 역성장을 우려하는 시대이다. 따라서 과거처럼 부동산만으로 안정적 자산증식을 기대하기가 어려운 구조로 전환 중임을 명심하여야 한다.

즉, 아무 부동산이나 오르는 시대는 종말을 고했다. 이제는 부동산도 양극화가 철저히 진행될 것이다. 따라서 철저히 입지를 따져 부동산을 매수하여야 할 것이다.

당연히 최고 입지는 강남 3구일 것이다. 그 다음이 동작구, 마포구, 용산구, 성동구일 것이다. 개인적으로는 관악구의 2호선 부근도 좋다고 본다. 어찌되었든 주택은 2호선 라인에 사는 것이 좋다.

6. 아파트 구입시 고려 요소

청약통장을 유지하고, 신혼 특공, 다자녀 특공 등을 활용하여야 한다.

그리고 임대아파트도 배제하지 말아야 한다. 임대아파트는 장점이 매우 많다. 일단 보유세가 없고, 수리도 잘해준다. 내 지인이 마포 임대아파트에 사는데 만족도가 매우 높다.

청약이 어렵다면 재개발·재건축을 노려야 한다. 그러려면 공부는 필수이다. 투자 목적의 공부라면 그리 어렵지도 않다. 어려운 것은 입지를 보는 눈을 키우는 것이다.

급매로 사려면, 서울(특히 강남)의 전용 84㎡나 그 이하 아파트를 사야 한다. 빌라나 오피스텔은 피해야 한다.

그리고 이제는 첫 아파트를 제대로 사야 한다. 대단지 아파트로서 역세권, 학세권을 최우선적으로 따져보아야 할 것이다. 관심지역은 야간임장도 필수다. 소음, 밝기, 왕래수 등을 보기에는 야간이 좋다.

또한 한 동짜리 아파트인데도 불구하고 인테리어가 좋다고 매수해서는 안된다.

그리고 아파트 매수는 레버리지를 적극 활용하여야 한다. 레버리지를 일으켜 더 좋은 아파트를 매수해야 한다.

7. 투자 부적격 부동산

도시자연공원구역, 비오톱1등급토지, 지적불부합지, 경사도·입목축적상 건축 불가 토지, 우수관로·오수관로 설치가 불가한 토지는 매수하면 안된다. 개발이 불가하므로, 가격이 오르지 않고, 팔리지도 않는다.

또한 수익형(분양형)호텔도 생각을 해 봐야 한다. "10년간 확정적으로 10% 수익을 준다", "이것에 대해 공증도 해준다"는 말에 속지 말아야 한다. 통상 10년간 수익을 준다는 회사는 1년 후에는 부도에 이르는 경우가 허다하다. 어차피 내 앞으로 등기가 되므로, 그냥 내가 호텔을 이용하면 된다고 생각하는 경우가 많은데, 이는 오산이다. 일단 호텔을 사면 재산세를 내야 한다. 그리고 4대보험도 오른다. 무엇보다도 관리비를 내야 하는데, 내가 살겠다고 하면 관리비 폭탄을 맞는다.

지역주택조합도 가입도 생각해 보아야 한다. 원수에게 권한다는 것이 지역주택조합 가입이다.

8. 부동산 유망 재테크

자기 집 1채를 사고도 여력이 있다면 자기 사무실, 초역세권 상가는 투자할만 하다.

그리고 농지연금을 위한 농지 경매 투자(특히 맹지 투자, 맹지는 감정가 50% 이하에 낙찰되는 경우도 많다)도 좋은 대안이다.

또한 최고의 고난이도 재테크지만, 성공하면 한 번에 인생을 바꿀 만한 투자가, 바로 "도시계획시설부지" 투자이다. 이에 대해서는 필자의 저서인 "도로·공원 경매 및 골목길·맹지 해결법" 책을 사서 공부를 하면 된다.

9. 사소한 습관이 인생을 바꾼다.

나는 매일 부동산 공부를 게을리하지 않는다. 힘들지도 않다. 한국 최고의 입지 분석가인 빠숑 김학렬이 운영하는 단톡방에 가입하면 매일 최고급 정보를 준다. 또한 김학렬이 운영하는 유트브(스마트튜브)를 매일 듣는다. "2025 국부협 오픈채팅방"도 마찬가지이다. 위 단톡방은 누구나 가입할 수 있다.

이 한가지 루틴만으로도 부동산에 대해 많은 공부를 할 수 있다. 사소한 습관이 인생을 가르는 것이다.

전철에서 게임을 하는 젊은이를 보면 안타깝다. 그 시간에 유트브 등으로 공부를 하여야 하는 것이다. 월급만으로는 부자가 되기 어렵다. 물론 극히 일부 예외는 당연히 있다. 대부분의 젊은이는 일찍부터 부동산과 주식을 공부하고 투자를 하여야 한다.

법무법인 강산

- **E-mail :** 114gs@naver.com
- **주소 :** 서울시 서초구 서초중앙로 119, 3층(서초동 1574-14 세연타워)
- **TEL :** 02) 592-6390 / FAX : 02) 592-6309 [우 06644]

지은이 : 김은유 변호사

저자는 제31회 사법고시에 합격하고 사법연수원(제21기)을 수료한 후, 현재까지 법무법인강산 대표변호사로 재직하며 30년 가까이 법조계에 몸담고 있습니다.

특히, 재개발·재건축, 토지수용보상 분야에서 '보상박사', '재개발·재건축 전문변호사'로 불릴 만큼 대한민국 최고 권위자로 인정받고 있습니다. 이 분야 전문 서적만 15권을 집필했으며, 국토교통부장관 표창과 서울시장 표창 등을 수상했습니다.

그는 53세라는 늦은 나이에 시대의 변화를 간파하고 미국 주식투자에 입문했습니다. 처음에는 변호사라는 자만심에 멘토를 만들지 않아 실수도 하였지만 후일에 테크밸리라는 최고의 멘토집단을 만나서 지금은 행복한 투자를 하고 있습니다.

그동안 변호사로서 가진 자만심 때문에 벌어진 실패를 거울삼아 모든 것을 내려 놓고, 주식투자에서는 쌩초보자로서 찰리멍거 등 거인들의 책을 탐독하여 투자철학 및 투자원칙을 세우고, 엔비디아와 팔란티어 등 미국 혁신 기술주에 집중투자하여, 5년 만에 2,100%가 넘는 경이적인 수익률을 달성했습니다.

현재는 공인된 금융 전문가로서 투자자산운용사 자격증을 보유하고 있으며, 한국경제신문 부동산 칼럼니스트로서 수많은 독자와 투자자를 만나고 있습니다.

주식쌩초보
엔비디아·판란티어로 2,100% 수익 낸 투자여정기

저 자 : 김은유변호사
전 화 : 02-592-6390
기획 및 마케팅 : 박종우
가 격 : 1만8천원
ISBN : 979-11-89287-22-1

출 판 사 : 주식회사 파워에셋
이 메 일 : 114gs@naver.com
홈페이지 : www.114gs.kr
출간일 : 2025. 11. 15.